Вызов ислама христианству

Вызов ислама христианству

Дэвид Посон

THE CHALLENGE OF ISLAM TO CHRISTIANS
© David Pawson, 2014

Дэвид Посон
«Вызов ислама христианству»

ВСЕ ПРАВА ЗАЩИЩЕНЫ

Воспроизведение, хранение в информационно-поисковой системе или передача любых разделов данной книги в любой форме или любым способом (механическим, электронным, путем записи и т. д.) запрещены без предварительного письменного разрешения издательства.

Тексты Священного Писания цитируются
из Синодального перевода Библии

С предисловием Майкла Грина и Патрика Сукхдео

ISBN 978-1-909886-13-1

СОДЕРЖАНИЕ

Предисловие Майкла Грина	7
Предисловие Патрика Сукхдео	11
Пролог: История, стоящая за написанием этой книги	13

Часть I: Восстановление ислама

1. Распространение ислама	25
2. Возможности ислама	37
3. Привлекательность ислама	53
4. Сущность ислама	76
5. Многообразие ислама	88
6. Источники ислама	100

Часть II: Ответ христианства

7. Откровение?	117
8. Реальность	130
9. Взаимоотношения	151
10. Праведность	171
11. Примирение?	197
12. Воздаяние?	215

Эпилог: То, что подчеркнуто в книге	232
Приложение: Книга пророка Аввакума, глава 3	240

ПРЕДИСЛОВИЕ МАЙКЛА ГРИНА

Перед вами захватывающая книга, которая должна завоевать широкий круг читателей и всколыхнуть разнообразные эмоции. Я очень рад представившейся мне привилегии рекомендовать её для изучения думающим христианам, небезразличным к вопросам веры, поскольку я полагаю, что эта книга вполне может претендовать на звание самой значительной религиозной книги, выпущенной в этом году.

Что делает её особенной?

Во-первых, само происхождение книги. Ислам и вызов, брошенный им христианству – это не та тема, над которой Дэвид Посон много работал до этого времени. Несмотря на это, как говорится об этом в прологе, он был подготовлен к написанию этой книги в течение многих лет. Побуждение к рассуждению над этой темой пришло к нему внезапно, во время беседы со специалистом по вопросам ислама, каноником Патриком Сукхдео. Дэвид известен как человек, на которого время от времени нисходит дар пророчества и ведет его в определенном направлении. В данном случае именно это и произошло. В результате при прочтении книги необычайно сильно ощущается чувство «принуждения» при ее написании.

Во-вторых, эта книга особенная, потому что обсуждать подобную тему довольно рискованно. Автор легко может быть обвинен в узости взглядов, недостатке милосердия и даже в расизме. Очевидно, что книга неполиткорректна и не предпринималось никаких попыток сделать её таковой. В наш век, когда в обществе широко распространено мнение, что все религии ведут к Богу, и посему критика любой из мировых религий становится неуместной, Дэвид Посон представляет довольно критический взгляд и на христианство, и на ислам. Он не нападает ни на одно из этих значительных вероисповеданий, но указывает на слабые стороны, которые необходимо признать, и на несовместимости, к которым нужно относиться с прямотой.

В-третьих, сама тема этой книги делает её особенной. Посон, имея на то веские причины, считает, что ислам является самым большим из внешних испытаний для христианства. Он растет значительно быстрее, чем христианство и имеет более широкое распространение географически. Высказывания многих руководителей ислама говорят об имеющейся цели установить верховенство этого вероисповедания по всему миру и привести всех людей в подчинение Аллаху. Более того, Посон показывает, что христианство (по крайней мере на Западе) находится в плачевном состоянии и крайне неспособно противостоять юному энтузиазму и агрессивности, с которыми ислам продвигается вперед. Он предвидит день в недалеком будущем, когда истощенное западное христианство будет полностью неспособно устоять перед мощным распространением ислама, который уже является второй из религий мира по количеству приверженцев. Огромное количество эмигрантов из исламских стран, прибывающих в Великобританию, и незначительное количество новообращенных во многих христианских церквях — оба этих фактора совместно убеждают автора в огромной вероятности того, что Англия уступит страстным убеждениям мусульман, которые уже почти сравнялись по количеству с церквями, находящимися на Британских островах. Эти размышления не являются попыткой запугать кого-либо, а тщательно документированным исследованием того, как приверженцы двух сравниваемых вероисповеданий действуют в вопросах распространения своих взглядов. Мусульмане уже достигли своих целей в двенадцати крупных городах Британии. Англия скоро станет мусульманской страной. Если вам всё ещё кажется, что это совершенно невероятно, читайте дальше!

Дэвид Посон не заявляет о себе, как об эксперте по вопросам ислама, но он достаточно начитан и побывал в исламских странах. Я также не являюсь экспертом по данному вопросу, но приведенная автором информация представляется мне хорошо собранной и точной; она показывает, что полумесяц растет, а крест уменьшается в стране, которая до этого была христианской. Я весьма впечатлен тем, как сдержанно и мягко автор обсуждает спорные вопросы. Очевидно, что найдутся те, кто будет жестко противиться тезису автора, но они, на мой взгляд, не смогут придраться к тому, как он высказывает свою точку зрения.

Книга разделена на две части: восстановление ислама и ответ христианства. Первую часть книги необходимо прочитать всем тем, кто считает вышеуказанный тезис простым паникерством; вторая часть не менее важна для тех, кто думает, что христианство в этой местности обречено. И снова задета пророческая струнка. Дэвид верит в то, что реальность, взаимоотношения и праведность — это три ключевых слова, данные ему Духом Божьим для передачи другим христианам, чтобы те приняли их в свои сердца. Он размышлял над этими словами длительное время, и в результате появились главы с 8 по 10. Они могли бы быть напечатаны и отдельно, как описание настоящего христианства.

В главе 11 представлены размышления над вопросом о том, возможно ли примирение христиан с мусульманами. Дэвид Посон достаточно ясно показал, что Бог христиан и Аллах мусульман очень отличаются друг от друга, но, следуя Духу своего Господа, автор ищет не противостояния, а возможного примирения.

Последняя глава больше всех подвергнется полемике. Автор считает, что в конечном итоге ислам — лжеучение, поэтому не сможет устоять во время пришествия Христа, он берёт на себя смелость интерпретировать и применить достаточно непростые отрывки Нового Завета об антихристе и Великой скорби. Мусульмане верят в то, что Христос придет, чтобы явить себя посвященным мусульманином и повернуть человечество к исламу. В тоже время христиане верят, что Иисус вернётся, чтобы спасти «весь» Израиль, победить антихриста, связать сатану, изгнать его с Земли и править в этом мире 1000 лет перед окончательным судом, который предварит новую Вселенную для обновлённых людей. Тогда уже не будет места для других религий, пред именем Иисуса преклонится всякое колено.

Не все христиане согласятся с тем, что Посон пишет о конце времен. И не все согласятся с его заключениями по поводу ислама. Но не многие станут спорить с тремя вопросами, заданными им в конце: «Выживем ли мы? Будем ли страдать и будем ли возрастать?» (Другими словами, будем ли мы иметь энтузиазм и стремление распространять Евангелие и мусульманам?) Он делает вывод, что, если мы не сможем сделать это сейчас, то не будем в состоянии сделать это и в будущем. Но нет, это – не самые последние слова автора. Он призывает читателей снова прочитать центральные три главы, теперь уже на коленях.

Несколько лет назад я считал, что в будущем установится главенство одного из трёх: агрессивного коммунизма, возрождённого ислама или обновлённого христианства. Теперь остаются только две возможности. С огромной смелостью известный во многих странах учитель Дэвид Посон, рискуя вызвать на себя огонь критики, призывает нас рассмотреть две альтернативы и действовать в согласии с нашими убеждениями. Эта смелая книга для всех нас имеет чрезвычайную важность, поскольку после событий 11 сентября мы уже не сможем, как страус спрятать свои головы в песок и забыть о взаимоотношениях двух величайших религий мира. Мы должны принять своё решение.

Каноник, д-р Майкл Грин
советник по вопросам евангелизации
архиепископа Кентерберийского и Йоркского

ПРЕДИСЛОВИЕ ПАТРИКА СУКХДЕО

Дэвид Посон звонит в колокола, призывая церковь Великобритании проснуться. Британские церкви не только теряют своих членов с нарастающей прогрессией, но и теряют уверенность в богословии и своих убеждениях. Секуляризация сыграла свою опустошительную роль в церкви, а плюрализм маргинализировал её, создав вакуум, ныне заполняемый исламом.

От анализа сути современного британского общества Дэвид Посон искусно переходит к описанию растущего влияния ислама в Британии. За последние сто лет он возрос феноменально. Из религии, у которой, как казалось, нет будущего, ислам вырос в живое и уверенное в себе движение. В британском контексте в послевоенное время его рост и распространение весьма значительны, так что он ныне утвердился в различных структурах, учреждениях и национальных сетях. Он стал частью британского ландшафта и с нарастающей силой продвигается к занятию доминирующей позиции.

Эта книга не столько об исламе, сколько об опасностях, встречающихся христианам и Церкви в Великобритании. Это весьма своевременный и чрезвычайно важный труд. Не все согласятся со всем, что написано в книге, но она проливает свет на тему, которую британские христиане больше не могут позволить себе проигнорировать. Дэвид Посон проявил большое мужество, поставив Церковь перед неприятными фактами.

Священнослужитель, д-р Патрик Сукхдео,
директор Лондонского института
изучения ислама и христианства

Пролог

ИСТОРИЯ, КОТОРАЯ СТОИТ ЗА НАПИСАНИЕМ ЭТОЙ КНИГИ

Я взглянул в зеркало, а из него на меня посмотрел незнакомец. Одна сторона его лица обвисла, тем самым, скривив его рот под странным углом.

Я сразу же понял, что стал жертвой инсульта. Но наш семейный доктор так не считал, и, поскольку пострадало только лицо, он предположил, что произошел паралич лицевого нерва. Потребовалось несколько недель диагностики и консультаций невролога, который и подтвердил имевший место инсульт. Однако анализы, кровяное давление, пропускная способность артерий, уровень сахара и холестерина в крови – все находилось в пределах нормы. Исследования головного мозга обнаружили патологию черепно-мозговых нервов, что, в свою очередь, повлияло на горло, язык и губы. Всё это сильно заметно и сейчас, хотя с тех пор прошло несколько месяцев.

Физическая болезнь приобрела силу из-за предшествующих и последующих событий.

За несколько недель до этого я проповедовал в лагере, организованном пятидесятниками, более чем перед тридцатью тысячами христиан на осушенном участке земли Зюйдер Зи в Голландии, где подхватил смертельно опасную инфекцию горла. Двадцать четыре часа спустя я улетел в Америку, чтобы проповедовать на национальном съезде и преподавать семинары по шесть часов в день. Из-за трёх больших перелетов я оказался дома в изнуренном состоянии. Но в течение недели я отдыхал и чувствовал себя неплохо отдохнувшим, когда, как гром среди ясного неба, на меня свалились эти события. Было ли это всё «естественным» процессом, или даже, может быть, Господь говорил мне действовать соответственно моему возрасту (мне уже более семидесяти), чтобы уменьшить моё служение?

Но обязательство, которое я должен был выполнить несколько недель спустя, похоже, проливало совсем иной свет на моё состояние. Я дал согласие на аудио- и видеозапись материала по теме этой книги: «Вызов ислама христианству». Была зарезервирована студия в Аббатстве Уэйдверли в Суррее, взято напрокат дорогостоящее оборудование и приглашены зрители. А сейчас обстоятельства, казалось, говорили, что это невозможно сделать.

Весть о моей проблеме распространилась быстро, включая Интернет. Сотни людей молились, чтобы у меня была достаточно хорошая речь и необходимый запас сил для проведения жизненно важной записи. Многие были убеждены в том, что это «враг» пытается предотвратить раскрытие ненужной для него информации. В те дни я смог проповедовать на протяжении пяти с половиной часов, несмотря на то, что в конце вынужден был стоять на одной ноге – левая сторона находилась в судороге (мужчины, находившиеся в первом ряду, говорили, что были готовы к тому, чтобы меня подхватить). И, несмотря ни на что, работа над записью была наконец завершена. Отклик на эту книгу был ошеломляющим. Лекции привлекли внимание СМИ: прессы, радио и телевидения. А сейчас издательство «Ходдер и Стаугтон» предложило издать эту книгу, что даёт мне возможность описать и объяснить лежащее на мне бремя.

Самое удивительное в этой истории то, что до января 2002 года у меня совершенно не было интереса и ещё меньше намерений писать по этому вопросу. К тому же, есть много тех, кто имеет намного больше знаний и опыта в вопросах ислама, чем я. И всё же, оглядываясь на прошлое, я понимаю, что был подготовлен к этой теме в течение пятидесяти лет – во второй половине двадцатого столетия.

ПРОЛОГ

В 50-х годах я служил капелланом в королевских Военно-воздушных войсках и был приписан к базе в Адене. Мой «приход» простирался вдоль южного побережья Аравии через Эр-Рияд (столица Саудовской Аравии), Саль-Аллах и Масиру через Шарджу (ОАЭ) и Бахрейн. Мои поездки были в Йемен, Сомали, Эфиопию и Кению. Я находился в самом сердце ислама. Мы с женой и нашим первым ребенком жили в арабском городе в кратере потухшего вулкана, куда можно было добраться через тоннель, проделанный в его кайме.

Каждое утро нас будил громкий призыв муэдзина к молитве. Мы также привыкли видеть людей, молящихся на углах улиц в течение дня. Поскольку я был капелланом, принадлежавшим к ДД (другие деноминации, т.е. не из римо-католической и не из англиканской церкви), то отвечал и за военнослужащих мусульман. Моя первая «обязанность» заключалась в том, чтобы следить, дабы в их пище не было свинины.

Я узнал, что в рамадан нужно быть особенно осторожным, так как реакция людей становилась очень изменчивой из-за дневных постов и ночных празднований. Помню однажды, как был шокирован, увидев грубую ампутацию руки вора, пойманного на рынке, и выражение его лица, когда его культя прижигалась к дёгтю. Эта картина неоднократно являлась мне в кошмарных снах. С балкона третьего этажа я видел, как толпа возбуждённых мужчин тащила за волосы по земле раздетую женщину. Я хотел вмешаться, но друзья сказали, что это исполнение мусульманского закона о прелюбодеянии, предусматривающего смертную казнь через побитие камнями, подобно Моисееву закону. Более того, я обнаружил, что смертный приговор также применим к любому, кто обратился из ислама в христианство, а крещение считалось высшей точкой «государственной измены» (это побудило меня переосмыслить и позже отвергнуть крещение младенцев). Таков был мой первый опыт жизни за пределами своей страны. Его можно назвать «потрясением от встречи с чужой культурой».

Поэтому я не могу сказать, что не был рад, когда в результате одного несчастного случая был эвакуирован домой.

В 60-х годах я два раза посетил Израиль (всего был там семнадцать раз). Первое посещение было чисто ностальгическим. Его целью было увидеть места, упоминаемые в Библии. Второе посещение, которое состоялось сразу после известной «шестидневной войны», привлекло моё внимание к людям, живущим в тех местах. Находясь на Голанских высотах вместе с израильским майором и пытаясь не наступить на боеприпасы, я спросил, как они смогли взять высоты, наполненные оружием русского производства. В ответ майор просто указал на небо. Именно во время размышления над этими ошеломляющими фактами я и пришел к двум умозаключениям, которые с того момента управляют моими убеждениями. Первое из них состоит в том, что Бог ещё не закончил осуществлять Свои планы в избранном Им народе (до этого я совсем не замечал, что Новый Завет именно об этом и говорит в 11 главе послания к Римлянам). Второе – это то, что проблемы Ближнего Востока не только политические, но и религиозные, не только социальные, но и духовные, не только географические, но и теологические, затрагивающие не только два вида людей, но и два типа богов. Последующие события лишь укрепили оба взгляда.

В 70-х годах ещё одна мысль закралась в мои проповеди. Я обнаружил, как стал утверждать, что ислам стал большей угрозой и трудностью для христианства, чем коммунизм, несмотря на то, что мы всё ещё находились в состоянии холодной войны. После того, как персидский шах отпраздновал две тысячи пятисотлетний юбилей своей страны, присвоив себе титул «царь царей и господь господствующих», я предсказал его падение, которое вскоре и произошло. Не ожидал, что его заменит аятолла Али Хаменеи, который через установление мусульманского закона (шариата) превратит правительство Ирана из прозападного в антизападное. То был зловещий прецедент.

ПРОЛОГ

В 80-х годах в одну из пасхальных суббот я должен был принять участие в пасхальном шествии, завершавшемся проповедью в автопарке. Около полудня мы с женой ехали по Майл Энд Роад, в восточной части Лондона. Мы приближались к величественной новой мечети, как вдруг двери распахнулись и сотни мужчин, многие из которых были в самом расцвете сил, просто наводнили улицы, остановив на некоторое время всё движение транспорта. Позже мы добрались до места назначения и на следующий день шествовали по улицам с несколькими сотнями христиан. Но женщин было больше, чем мужчин; они были или очень молодыми, или в преклонном возрасте. Но очень мало было женщин среднего возраста. По дороге домой я спросил свою жену: «Если бы ты была букмекером, на какую религию сделала бы ставку?» Её мгновенным ответом было: «Конечно же, на ислам!» Этот эпизод мне почему-то запомнился.

В 90-х годах Ахмед Дидад, пропагандист мусульманства, живший в Южной Африке, бросил вызов британским христианам, заявив, что готов дебатировать с любым из них на тему ислама и христианства в Ройял-Алберт-Холл в Лондонском районе Кесингтон. Клив Калвер, в то время бывший директор Евангельского Альянса, побудил меня вступить в это состязание. Я очень сомневался, поскольку слышал о моём оппоненте то, что он обладает сильными способностями убеждать, а также о его остром интеллекте, поэтому предложил более способные кандидатуры для этого. Так как никто не дал своего согласия, это предложение снова вернулось ко мне. Однако уже после того как эта встреча была разрекламирована, мою кандидатуру заменили темнокожим евангелистом из Америки. Несмотря на то, что бремя было снято с меня, я был обеспокоен тем, что этот человек был недостаточно известен в Британии, чтобы обрести необходимую поддержку среди христиан, и что оратор-мусульманин сможет высмеять нас за то, что мы не смогли найти ни одного англичанина, способного защитить свою веру. Все мои опасения подтвердились, и зрители, в подавляющем большинстве

– мусульмане, радовались уверенной победе своего оратора. Всё это произвело настолько сильное впечатление, что Евангельский Альянс решил не проводить повторную встречу в Бирмингеме.

Оборачиваясь назад, я вижу, что Господь сохранил меня от преждевременного противостояния, поскольку я был далеко не готов к подобному испытанию. И нужное время ещё не настало.

Начало нового столетия принесло с собой три события, вновь связавшие меня с исламом.

Первым стало ужасное событие 11 сентября – падение башен-близнецов Всемирного торгового центра в тот момент, когда они были протаранены самолетами, угнанными пилотами-камикадзе. Как и многие другие, я наблюдал за происходящим с экрана телевизора. Самый большой шок был не в том, что упали здания, и даже не в количестве погибших, включая огромное число спасателей, но в том, что всё это было совершено во имя религии, во имя бога ислама, во имя Аллаха.

Пять дней спустя я проповедовал в нескольких церквях Саутгемптона. В то время я в основном был сконцентрирован на таких фундаментальных вопросах: почему Бог допускает такие страдания? Также коснулся и религиозного фактора, сделав несколько комментариев, которые можно посчитать проливающими свет на происходящее. Теперь мир желает знать больше об этой вере и о том, были ли эти террористические акты истинным или ложным её проявлением. Записи с моим выступлением разошлись очень широко и привели многих к покаянию, поскольку люди стали относиться к Богу более серьёзно. Через эти кассеты шестеро взрослых детей одного человека пришли к вере в Христа. Их счастливый отец умер несколько месяцев спустя.

Вторым событием стал визит в близлежащую школу грамматики. Мулла был приглашен, чтобы рассказать об исламе, и вся школа просто гудела от интереса к этой доселе неизвестной религии. Один обеспокоенный сотрудник (не руководитель религиозного обучения, а известный атеист!) умолял меня прийти и возродить интерес к христианству, если только он сможет уговорить руководство школы дать мне пятнадцать минут во время общего собрания. У него это получилось, и я предстал перед 850 мальчиками и тридцатью учителями. Для подготовки к такому короткому выступлению понадобилось несколько дней (длинные речи требуют намного меньше!), но этот материал стал основой для главы 9 в этой книге. По общему мнению, поставленные цели были достигнуты, и интерес к ранее неизвестному был заменен беспокойством за истину, за что я благодарен Богу.

Третьим призывом стала встреча, которую я посетил в Рединге в январе 2002 года, ещё не зная о том, что она радикально изменит мою жизнь, совершив переход от плавного движения к пенсии на возвращение в центр общественного внимания. Было объявлено, что выступать на встрече будет д-р Патрик Сукхдео, который любезно согласился написать предисловие к этой книге. Я поехал на эту встречу, чтобы больше узнать об исламе от признанного эксперта в этой области. Во время его выступления я был внезапно ошеломлен предчувствием, что ислам завоюет эту страну. Помню, как я сидел в зале ошеломлённый и даже как бы оглушенный сильным ударом. Мы не просто слушали интересную лекцию о другой культуре или религии, которую кто-то практикует, мы слышали о нашем личном будущем!

Шок, полученный от понимания происходящего, остался надолго. В течение нескольких недель я никому не говорил об этом, стараясь оценить возможные последствия. Откуда пришли эти мысли? Из моего собственного подсознания или из сверхъестественного источника, свыше или снизу, от божественного или демонического? Как я понял, что это было «пророческое» откровение, расскажу позже, в главе 7.

Здесь же достаточно упомянуть о том, что множество христианских лидеров, с которыми мне пришлось поделиться своей озабоченностью, побуждали меня и даже настаивали на том, чтобы публично говорить на эту тему, добавив, что именно я – тот человек, который должен это сделать. Никогда не думал, что найдется столько добровольцев, желающих рисковать моей головой. Вероятно, они также понимали, что мне терять нечего: нет ни постоянной кафедры, ни организации, ни благотворительного фонда, ни офиса, и даже нет секретаря, а только моя собственная репутация, на которую я перестал надеяться уже много лет назад.

Так я начал это дело и вот почему пишу эту книгу. Только Господь знает, к чему это приведет, но моё будущее – в Его руках, а моя книга – в ваших.

Лекторы и писатели знают о правиле, запрещающем начинать с множества негативных утверждений. Но я полагаю, что должен нарушить этот запрет и рассказать о том, чем эта книга *не* является, чтобы избежать разочарований, недопониманий, разногласий и ненужных обид.

Эта книга не задумана как справочное руководство, предоставляющее исчерпывающую информацию об исламе. Другие авторы уже проделали большую работу на эту тему (для начала лучшим вариантом будет прочитать книгу д-ра Патрика Сукхдео *«Справочное руководство об исламе для христиан».*) Я был обязан включить в эту книгу факты и высказывания об этой религии, но должен подчеркнуть, что основываюсь не на собственном исследовании первоисточников, а цитирую различные публикации христианских и мусульманских авторов, полагаясь на точность информации, приведенной ими, но дать гарантию их достоверности не могу. Выводы на основе этих данных делаю я.

Книга не делает нападок на ислам. Я буду весьма опечален, если материал будет использован для того, чтобы вызвать страх или ненависть последователей ислама. Эти два вида эмоций подпитывают друг друга. Некоторые христиане уже достаточно напуганы, а это может перерасти в парализующую фобию, противоречащую здравому смыслу и разжигающую расистские взгляды и действия. Мусульмане

– такие же люди, как и все остальные, созданные по образу Божьему. За них тоже наш Господь Иисус Христос отдал Свою жизнь. Если Божественная любовь распространяется и на них, то же самое должно происходить и с нашей любовью. Если мы спасены благодатью, то и они могут быть спасены.

Книга не задумана как сборник инструкций или курс по благовестию мусульманам, за исключением последнего параграфа. В ней об этом ничего не говорится. Другие авторы, обладающие большим опытом и мудростью в этом вопросе, чем я, уже написали достаточно много, так что полезные книги можно найти в любом христианском книжном магазине. Здесь я упомяну о двух своих наблюдениях. Первое – служение людям и их спасение должны идти рука об руку. Второе – в этом деле определённые знамения необходимы так же, как слова и дела. Исцеление особо эффективно в деле открытия сердец.

Позвольте мне закончить на оптимистической ноте. Эта книга предназначена для читателей-христиан, однако, если она попадет в руки мусульманина, имею смелость считать, что ему будет передана Евангельская Весть. Но я писал от сердца, обеспокоенного Церковью, и содержание всей книги, а особенно части второй (главы 7-12) – это призыв к пробуждению, направленный к христианам, чтобы они приготовили себя к тому, что предстоит им в будущем. Название книги тщательно было подобрано, и оно говорит само за себя.

Часть I

ВОССТАНОВЛЕНИЕ ИСЛАМА

1

Распространение ислама

Ислам стал феноменом, влияющим на весь мир. Он стал второй по популярности религией в мире, захватив, по крайней мере, одну пятую часть человечества, общим числом около полутора миллиардов людей. В рядах христианства находится одна треть населения планеты. Ислам стал самой быстрорастущей религией в мире, превышая прирост христиан более чем в четыре раза.

Его последователей можно найти на всех пяти континентах, в 165 странах. Исламу принадлежит большая часть населения сорока пяти Азиатских и Африканских стран, среди которых самыми крупными являются Пакистан, Бангладеш, Индонезия и Иран.

Если существующая тенденция сохранится, к 2055 году половина населения земли будет рождаться в мусульманских семьях. В некоторых местах ислам уже назван «религией двадцать первого столетия».

События, связанные с началом и распространением этого вероисповедания, самого последнего из мировых религий, создают удивительную историю, покрывающую последние четырнадцать столетий.

Всё началось с одного сорокалетнего мужчины, который, вероятно, не умел ни читать, ни писать. Поскольку нашей темой является распространение ислама, мы рассмотрим историю географически, начав с места, где он был рожден, с Аравии.

АРАВИЯ

Большую часть этого огромного полуострова занимает бесплодная пустыня с монотонным ландшафтом из песка и неба. В то время как началась наша история, на нем жили несколько кочующих племён, которые часто боролись друг с другом за выживание в этом бесплодном месте. Были там и более населенные местности, находящиеся на перекрестках торговых путей, куда можно было привести караван верблюдов и обменять товар. Среди таких поселений Мекка была самой крупной.

Город также был религиозным центром. Удивительно, что в таких простых условиях жизни существовала довольно сложная религия – вера в существование множества духов («джиннов») и многих божков (мы называем это политеизмом). Мекка стала главным городом религиозной жизни, в центре которого было высокое каменное здание в виде куба (отсюда арабское *Ka'aba*), содержащее 360 идолов для поклонения (по одному на каждый день, в соответствии с лунным календарем, двенадцать месяцев по тридцать дней). Луна играла особую роль в жизни пустыни и считалась богом мужского пола, в то время как солнце – женского, и поэтому было ниже. У них было три «дочери», у двоих из них имена были связаны со словом «Аллах», означающем «бог». Археологи нашли огромное число каменных алтарей с изображением полумесяца (символ, который ныне находится на шпилях над куполами мечетей). Паломники должны были обойти вокруг Каабы семь раз и поцеловать черный камень, встроенный в стену с внешней стороны. Возможно, этот камень был метеоритом. Важно то, что все эти «боги» были связаны с тем, что можно увидеть в пустыне: от камней до звёзд.

В одном из племён, процветавшем от сплетения торговли и религии, в племени Курайш, в 570 г. н.э. родился мальчик по имени Мухаммед. Вскоре его отец (Абдулла, служитель Аллаха) умер. Он потерял свою мать в возрасте шести лет и воспитывался несколькими родственниками по очереди. Он нашел себе работу, став торговцем, путешествующим с караванами. Ими владела богатая вдова по имени Хадиджа, на которой Мухаммед впоследствии женился, несмотря на то, что она была старше его на пятнадцать лет.

Во время путешествий Мухаммед познакомился с евреями и христианами и узнал о вере в единого Бога (монотеизм), что поставило под сомнение политеизм, которому он был научен в детстве. Обладая чувствительным и склонным к уединению характером, Мухаммед уходил в горные пещеры для размышлений. Именно там, в возрасте сорока лет, он испытал первое физическое и духовное переживание, которое вместе с последующими встречами привело его к тому, чтобы назвать себя особым пророком единственного бога Аллаха и последним посланником, открывающим божью волю человечеству.

Мухаммед смело противостал политеизму, на котором основывались популярность и благополучие Мекки. Это привело к конфликтам в его собственном роду, и в итоге он вынужден был бежать в Медину, спасая свою жизнь. Этот побег (хиджра), совершенный в 622 г. н.э, стал началом мусульманского календаря, поскольку именно в этом убежище его семья и друзья, его первые последователи создали первое общество уверовавших и живущих по его откровениям. Эти откровения говорили о браке и разводе, запрещали спиртное и ростовщичество, а также ввели понятие о «джихаде» – священной войне против неверных. Им пришлось участвовать во многих сражениях, особенно с жителями Мекки.

После нескольких поражений Мухаммед собрал значительную армию и напал на Мекку. В итоге жители города сдались ему в плен. Он проявил некоторое великодушие к пленным, но уничтожил их идолов. С этого места волны священных завоеваний распространились по всей той местности. Особый пророк прожил свои последние годы в Медине, где и умер в возрасте шестидесяти трех лет в 632 г. н.э. (11 г. по мусульманскому календарю).

К этому времени он достиг успеха, подчинив всю свою страну Аллаху, тем самым примирив воюющие племена, которые с той поры стали считать себя народом. Успех был настолько ошеломляющий, что трудно поверить в то, что такого смог добиться человек всего за двадцать лет. Поэтому не удивительно, что мусульмане объясняют это как действие божие через самого великого пророка.

Ещё более удивительны масштабы развития Арабского региона в следующем столетии. Народ этого региона очень быстро приобрел государственность и образовал теократическую империю.

СРЕДНИЙ ВОСТОК

Первое наступление было совершено на север, на землю, которая затем была названа Палестиной и на Иерусалим. Хотя об этом и не упоминается в Коране, он стал третьим священным городом для мусульман после Мекки и Медины потому, что Мухаммед видел во сне (или в видении), что он поднимался в небо на коне из этого города. Вскоре была построена мечеть Омара (дом на скале), ставшая вызовом и евреям (она была воздвигнута на месте, где раньше стоял их храм) и христианам, так как на внутренней стороне стены был написан стих из Корана, гласящий: «Бог не имеет сына».

Иерусалим пал в 634 году, а Дамаск – столица Сирии – последовал за ним год спустя. Продвижение на север было остановлено возле Константинополя «христианской» армией Византийской империи.

Сегодня на Среднем Востоке насчитывается более 300 миллионов арабов-мусульман, причём больше половины из них ещё не достигли пятнадцатилетнего возраста.

РАСПРОСТРАНЕНИЕ ИСЛАМА

АФРИКА

Одновременно с продвижением на Север был предпринят поход на Запад. Египет был завоеван в том же десятилетии, что и Палестина с Сирией. Христиане той местности приветствовали это завоевание, так как они уже считались еретиками в глазах византийских правителей и думали, что теперь смогут стать независимыми.

К 710 году мусульмане буквально смели всё северное побережье Африки – местность, которая до этого была цитаделью христианства в первые столетия, известная такими влиятельными личностями, как Климент Александрийский, Ориген, Августин, Епископ Гиппийский. Эта местность теперь называется Тунис. Церкви здесь буквально были сметены и преданы забвению.

Торговцы-арабы (и рабы) плыли на своих судах далее по Восточному побережью Африки, везя с собой свою религию в такие места, как Занзибар. Сегодня ислам твёрдо обосновался в Южной Африке, а город Дурбан является штаб-квартирой Ахмеда Дидада, одного из наиболее известных апологетов ислама.

Ислам пересек пустыню Сахара и продвигается к народам, живущим на Западном побережье. Картина, наблюдаемая в Нигерии – типична. Её северная часть, лежащая вокруг Кано, – мусульманская. Средняя часть контролируется мусульманами, несмотря на то, что большинство жителей в этой местности – христиане. Юг этой страны в основном христианский.

Сегодня на Африканском континенте более 300 миллионов мусульман.

АЗИЯ

Успех исламизации Азии можно измерить количеством стран, названия которых оканчиваются на «стан». Многие из таких стран находятся южнее России, окружают Персию, которая теперь имеет название Иран.

Последние события привлекли внимание людей к Афганистану, где базируется много военных исламистских группировок.

После Второй мировой войны Британия утратила контроль над Индией; это привело к разделению Индии между индуистскими и мусульманскими лидерами, что сопровождалось массовыми кровопролитиями и миграцией беженцев. В результате на севере появились две мусульманские страны: Пакистан и Бангладеш. Часто упускают из виду, что в самой Индии сейчас проживает более 100 миллионов мусульман.

От индийской части континента ислам продвинулся далее на Восток. Малайзия – бывшая Британская колония – сейчас является мусульманской страной. Там допустимы и другие вероисповедания, но при одном условии: они не будут обращать мусульман в свою веру. Индонезия – страна ещё менее толерантная, на что указывают последние случаи нападения на христиан.

На Азиатском континенте сейчас проживает наибольшее количество мусульман – около 800 миллионов человек.

Особенное удивление вызывает то, что проникновение арабского языка, культуры и архитектуры оказалось востребованным в очень различных культурах.

ЕВРОПА

Этот континент стал сердцевиной иудео-христианской культуры, экспортировав «западную» цивилизацию по всему миру с помощью смеси имперских колонизаций и миссионерских усилий.

Здесь используются три вида мусульманского нашествия: военное, умственное и миграционное.

Военное вторжение началось с первой волны завоеваний мусульманства. Захватив Северное побережье Африки, мусульманские воинства переправились через

Гибралтар в 711 г., завоевали Испанию и вторглись во Францию, остановившись всего в 70 километрах от Парижа. Здесь они потерпели поражение в битве у Пуатье в 732 г., в столетнюю годовщину смерти Мухаммеда. Испания оставалась в их руках на протяжении нескольких столетий и была переименована в Аль-Андалу (Андалусия) со столицей в г. Кордова. И только в 1492 г., в тот самый год, когда Христофор Колумб открыл Америку, эта оккупация закончилась.

Второе вторжение в Европу пришло не с Запада, а с Востока. В 1071-ом «христианизированная» византийская армия потерпела поражение от турков-сельджуков. Император попросил папу римского о помощи, что в итоге привело к бесславным Крестовым походам под предлогом освобождения от мусульман мест паломничества на Святой Земле.

Оттоманская империя была основана в 1281 году. Столица Византии завоевана в 1453 году. Константинополь стал Стамбулом, а огромная Церковь Святой Софии в центре этого города – Великой мечетью, в которой в настоящее время находится музей. Балканы были завоеваны в битве при Косово в 1389 г. (по иронии судьбы, недавно британским солдатам пришлось защищать мусульман от сербских христиан!) Мусульмане продолжили свои завоевания нападением на Вену, но оно было окончательно отражено в 1682 г. Несмотря на поддержку Германии, в 1918 г. оттоманские правители потеряли контроль над Средним Востоком.

Масштабы влияния ислама на умы всей Европы известны немногим, однако, они намного превосходят то, что осталось от военных завоеваний. Многие слышали об «эпохе Просвещения», «веке Разума», с тех пор доминирующими в западной культуре. Другим знакомо альтернативное название этого периода – «эпоха Ренессанса» («эпоха Возрождения»), что указывает на новые открытия и обновленное внимание к достижениям Древнего «классического» мира греко-римских философов, науки и творчества. Единицы знают о жизненно важной роли арабов-мусульман в этой интеллектуальной революции.

Начиная с десятого столетия нашей эры, в мусульманском мире развивается особенно сложная культура – цивилизация, сконцентрированная в районе Багдада (в настоящее время столица Ирака). Аль-Фараби, философ, наученный христианами, стал известен как «второй Аристотель». Греческую литературу исследовали в поисках мудрости и перевели на арабский язык. Древний мир «ожил» и получил особое развитие в трех областях науки: математике, медицине и архитектуре (открытие понятия «ноль» в наше время занимает особое место в компьютерных технологиях и, конечно же, мы до сих пор пользуемся арабскими цифрами). Каждый, кто посетит дворец Альгамбра, расположенный в восточной части города Гранада в Южной Испании или Тадж-Махал (в Индии), будет впечатлен их красотой и симметрией.

В двенадцатом столетии ученые-иудеи и христиане из Испании (особенно из города Толедо) начали переводить труды греков и комментарии мусульман на латинский язык. Так было положено основание для революции в умах и жизни европейцев.

Пока мы ещё не оставили эту тему, нам следует отметить три духовные фазы, через которые произошли эти умственные изменения. Арабы многое взяли из греческих трудов, но без политеизма и массы мистических богов и богинь. Для них все интеллектуальные познания должны были находиться в рамках монотеизма Аллаха и предназначаться для его славы. Однако европейцы взяли это наследство в отрыве от греческого и арабского богословского происхождения. В практических аспектах эпоха

Просвещения была наполнена атеизмом, считая излишеством веру в Бога или богов, даже несмотря на наличие элементов деизма (вера в то, что Бог создал Вселенную, но более не контролирует её жизнь).

Современное вторжение ислама в Европу не идет путем завоеваний и не пользуется академическими средствами. Оно происходит за счет массовой миграции населения. В некотором смысле – это отголоски имперской истории этих народов. Мусульмане вливаются в страны, ранее владевшие арабскими колониями: из Алжира – во Францию, из Пакистана – в Великобританию.

Две основные цели, преследуемые переселенцами, – это процветание и безопасность. Некоторые здесь видят очевидные экономические выгоды и для себя, и для своих семей. Вероятно, большинство легальных эмигрантов относятся к этой категории. Другие же бегут от деспотических режимов, процветающих в исламских странах, что, вероятно, неизбежно в условиях религии, более побуждающей к автократии, а не к демократии. Большинство нелегальных эмигрантов принадлежат к данной категории.

С собой они привозят и свою религию. В то время как некоторые ассимилируются в светскую культуру той страны, в которую переезжают, большинство сохраняет верность духовности, чтобы сохранить свои корни и моральные стандарты, особенно, когда замечают внушающее отвращение разложение, окружающее их. Это приводит к тому, что многие из них начинают верить в то, что им дана особая миссия и они должны внести свой вклад в спасение западного мира. Такие убеждения развивают в них чувство уверенности в себе и находят некоторое понимание среди их новых соседей.

Ещё в 1936 году Георг Бернард Шоу, ирландский драматург, обосновавшийся в графстве Хартфордшир, на севере Лондона, написал:

«Если у какой-то из религий и был бы шанс управлять Англией (да и всей Европой) в последующие 100 лет, так это мог бы быть ислам. Я всегда с большим уважением относился к религии Мухаммеда из-за ее высокой жизнеспособности. Это – единственная религия, которая, на мой взгляд, обладает способностью адаптироваться к изменяющимся условиям жизни, что делает её привлекательной для людей любого возраста. Я изучил его (Мухаммеда) жизнь. Он – удивительный человек; по моему мнению, он – никак не антихрист, напротив, его можно назвать спасителем человечества. Думаю, если бы человеку, подобному ему, были даны права диктатора в современном мире, то удалось бы решить проблемы человечества так, что эти решения принесли бы столь желанный мир и счастье. Я уже предсказывал, что вера Мухаммеда будет принята Европой завтрашнего дня, и Европа современная уже начинает принимать её».

(«Подлинный ислам» Том. 1, Ном. 8, 1936 г.). Эту статью также можно прочитать в сети Интернет.

Пророчество, на которое стоит обратить внимание, учитывая, что осталось менее 30 лет до его предполагаемого исполнения!

В следующей главе мы рассмотрим конкретную ситуацию, наблюдающуюся в Великобритании, и поговорим о её предрасположенности к принятию ислама. Премьер-министр Блэр настаивает на включение Турции в Европейский Союз, несмотря на то, что большая её часть находится в Азии. Республика, основанная после Первой мировой войны, с населением около 80 миллионов человек практически полностью принадлежит мусульманству и в результате последних выборов склоняется к тому, чтобы стать религиозной страной и по закону. В случае принятия ее в Европейский Союз она станет второй по размерам страной после Германии, с которой сотрудничала в двух мировых войнах.

РАСПРОСТРАНЕНИЕ ИСЛАМА

СЕВЕРНАЯ И ЮЖНАЯ АМЕРИКА

В Южной Америке мусульманство всё ещё находится в меньшинстве. Этот континент наименее исламизирован (за исключением Антарктиды!).

Ситуация в Северной Америке отражает то, что происходит в Европе, частью благодаря очень открытой (до недавнего времени) эмиграционной политике. Сейчас здесь находятся миллионы мусульман, одна треть из них принадлежит к чёрной мусульманской секте, имеющей собственную богословскую позицию, неприемлемую для ортодоксального ислама. В итоге, в Северной Америке так же, как и во всем мире, ислам является второй по количеству приверженцев и наиболее быстро растущей религией; его мечети растут, как грибы после дождя, во всех крупных городах США. В этой стране религиозное разнообразие приветствуется как нигде.

Ислам не распространяется постепенно и равномерно. Волны, несущие ислам, поднимаются и опускаются, но с каждым разом накатываются на берег всё дальше и дальше. Начавшееся двадцать первое столетие (по христианскому, а не по мусульманскому календарю) принесло новую волну, особенно в Западном мире, о чём говорит название первой части книги. Она отмечена особой убежденностью в среде мусульман, что в немалой степени связано с двумя факторами в развитии исламского Среднего Востока.

Первый фактор – это освобождение арабских народов от колониального управления европейских стран, таких как Британия и Франция. Две мировые войны дали им политическую автономию. Именно эту цель преследовал в своих подвигах «Лоуренс Аравийский» (этот британский офицер и путешественник, сыгравший большую роль в Великом арабском восстании 1916-1918 годов, считается военным героем как в Великобритании, так и в ряде арабских стран Ближнего Востока – *прим. переводчика*). Сейчас арабские страны являются независимыми игроками на политической арене мира.

Данный фактор в развитии региона объясняет возрастающее сопротивление, оказываемое проникновению американской культуры и военному вмешательству этой страны, которое заменило бывшее колониальное влияние Европы на этой территории. Естественно, что гнев арабов направлен и против заокеанской поддержки государства Израиль.

Вторым фактором стало обнаружение огромных запасов нефти («черное золото») в их земле. Вместе с растущей зависимостью западной экономики от этих ресурсов, запасы неожиданно принесли с собой огромное богатство и влияние на мировых рынках.

В завершение этой главы приведем заявление, сделанное при открытии мечети в Стокгольме:

«В течение следующих пятидесяти лет мы завоюем Западный мир для ислама.

У нас есть для этого люди, у нас есть для этого деньги, и более того – мы уже это делаем».

2

Возможности ислама

Сегодня в Британии, как и во всей Европе, существует огромный духовный вакуум. Человеческое естество, как и вся остальная природа, не терпит его. Огромная пустота в человеческой душе «размером в Самого Бога» нуждается в заполнении. Поэтому религия, распространяющаяся достаточно хорошо, может быть затянута в такой вакуум, при этом действующие силы обоих явлений усиливают друг друга. Именно в таком положении сегодня и оказался ислам в Великобритании. Его появление в этой стране совпало с открытием беспрецедентных возможностей.

Христианство является законно утвержденной традиционной религией, а также формальной частью общественной жизни (коронации монархов, молитвы в парламенте) и жизни личной (рождение детей, брак, смерть). Однако по всеобщему признанию его популярность резко падает. Одно из статистических исследований показало, что официальная церковь теряет 1000 душ в неделю, а самая большая – свободная церковь – закрывает два здания в неделю. По самым оптимистическим подсчетам, только 10 процентов населения страны посещает богослужения каждое воскресенье. Хотя и существуют церкви с четырехзначными цифрами в графе «количество членов», но они, как правило, находятся в городах с миллионным населением, в связи с этим соотношение «церковных» и «нецерковных» лишь немного улучшает общую картину.

Что же вызвало такое огромное падение (увы, и в качестве, а не только в количестве) и нанесло такой урон? Ответ нужно искать в предыдущих столетиях, предложивших несколько «измов», проникших в микроструктуру внутренних верований британцев и затем проявившихся вовне в их отношении к жизни и в поведении.

У меня аллергия на большинство «измов» потому, что обычно они несут в себе опасность, даже в христианском контексте (англиканизм, методизм, лютеранизм), хотя я принимаю такие «измы», как евангелизм и крещение! (по-английски крещение – «баптизм», прим. переводчика).

Если кратко описывать происшедшее далее, то вслед за уже названными, Британию наводнили ещё несколько «измов». Некоторые читатели могут посчитать такое описание слишком поверхностным и упрощенным, но я считаю, что эти течения должны быть учтены при исследовании процессов, происходящих в современном обществе.

Мы должны начать исследование с разума человека. За последние 400 лет в нашем образе мышления произошли глобальные изменения. Вначале истоком истины, которую Бог открыл человеку, считалась Библия (в протестантской Северной Европе) и (или) церковь (в католической части Южной Европы). Затем пришла эпоха «Просвещения» с притязанием на то, что люди могут сами обнаружить для себя истину без Божьей помощи. Три «изма» правили один за другим.

ВОЗМОЖНОСТИ ИСЛАМА

РАЦИОНАЛИЗМ

Рационализм появился первым, возложив своё упование на человеческий ум. Разум стал считаться главным местом, где и происходило всякое научение, а методом приобретения знаний стали научные наблюдения и эксперименты. То, что было невозможно доказать вышеуказанным методом, не могло удовлетворить потребности интеллекта, а потому скептически отбрасывалось. Вскоре сциентизм (название верований, считающих, что всякая истина может и должна иметь такие «доказательства») стал противоречить Писанию, сфокусировавшись на дебатах о сотворении и эволюции.

Этот период, также известный под названием «модернизм», с его умственным и высокоинтеллектуальным отношением к жизни был холодным и безжизненным. Он апеллировал к разуму, но не к сердцу. Приверженцы этого «изма» не смогли понять, что люди более мотивируются тем, что чувствуют, чем тем, что знают. Изменения не заставили себя ждать.

РОМАНТИЗМ

Во времена романтизма сердце стало считаться главным объектом, в котором сохранялись знания. Истину для жизни нужно было находить больше через эмоции, чем умственными поисками. Ударение ставилось не на науку, а на искусство: от картин – до поэзии. Реальность нужно было прочувствовать.

Начался поиск различных переживаний и жизненного опыта. Эти поиски привели к зависимости от искусственных стимуляторов чувств. Граница между фактом и фантазией становилась более и более расплывчатой. Едва уловимый переход от внешних поисков к внутренним привел к значительным последствиям.

РЕЛЯТИВИЗМ

Переход от фактов к чувствам, от объективного – к субъективному, от «модерна» – к «постмодерну» не мог не выразиться в смене верований, изменениях в поведении людей, а также в изменении их отношения к вышеперечисленному. Абсолютные и неизменные убеждения уступили место относительному личному мнению.

Такая относительность была связана с огромными различиями в среде человеческих существ, вызванными разнообразием наследственности и окружения. Каждый индивидуум обречён на то, чтобы думать и чувствовать не так, как другие. Когда то, что является истиной для всех, уступает место тому, что является истиной для отдельного человека, абсолютные стандарты исчезают.

В вопросах веры никто не имеет права на монополию в истине. Все религии могут иметь некоторую истину, но ни одна из них не имеет её во всей полноте. Самое большее, что можно утверждать, – это то, что христианство верно для христиан, ислам – для мусульман, индуизм – для индуистов. И, конечно же, агностицизм справедлив для агностиков, а атеизм – для атеистов. Утверждать, что только одна религия обладает знанием о Боге, является оскорблением для других, поскольку это заявление безусловное.

Что касается модели поведения людей, применение таких моральных стандартов поставило под сомнение, что же есть истинные «идеалы» и «ценности» и насколько они должны быть разделяемы людьми.

У абсолютных понятий есть свои противоположности. То, что является истиной, определяет то, что является ложью. То, что правильно, высвечивает то, что плохо. Релятивизм эти различия стирает. Черное и белое заменены на оттенки серого.

Здесь необходимо обратить внимание на социальные отголоски этого периода.

ПЛЮРАЛИЗМ

В настоящее время большинство западных стран представляют собой поликультурные и мультирелигиозные сообщества, особенно это касается местностей с высокой плотностью населения. Либеральная политика эмиграции и послевоенное переселение людей из бывших Британских колоний превратили Британию в плюралистическое общество. Часто это приветствуется, так как людям предоставляется большая свобода во вкусах и более широкий выбор пищи, машин, одежды, музыки, развлечений и много другого. Хотя это и представляется таким хорошим, но в жизни проходит не без проблем и конфликтов.

Однако плюрализм не останавливается на этом, а идёт далее, провозглашая, что такая смесь культур не только хороша, но и необходима для зрелого общества. Разнообразие бывает полезно при условии, что оно освобождено от порока разобщенности. Поскольку никто не имеет полного знания ни по одному вопросу, необходимы все возможные взгляды, считающиеся равноценными и вносящими свой вклад во всеобъемлющее богатство жизни. Тактичность и толерантность находятся в самом верху списка условий жизни общества.

Если говорить о культуре, то в таком взгляде есть доля истины, но использовать такой подход к религиозным вопросам весьма опасно.

СИНКРЕТИЗМ

В настоящее время возрастает давление со стороны представителей различных религий мира, призывающих «пойти вместе», чтобы сохранить мир между народами и окружающую среду. Поскольку считается, что ни одна из религий не обладает всей истиной, то исключение какой-либо из них недопустимо. Лучше забыть о наших различиях, признать, что каждый имеет равноценное право на свой путь к Богу, и в единстве сражаться против всего, что мешает нашему здоровью и счастью.

Сейчас средства массовой информации говорят о «сообществе веры» без разделения на различные вероисповедания, сообществе, признающем и христианство, и ислам как две основные составляющие. Уже проводятся совместные акции против «социальных пороков». Даже Евангельский Альянс, организованный для защиты христианского Евангелия и его проповеди внутри самой церкви, сейчас активно защищает такое «союзничество» в некоторых политических вопросах.

Критический момент наступает тогда, когда совершается совместный акт поклонения, когда молятся и прославляют «Бога Авраама, Иисуса и Мухаммеда» (такие поклонения уже проводятся). Некоторые «фестивали веры» забрасывают свои сети ещё дальше. Действующий Папа Римский призвал представителей всех мировых религий помолиться вместе с ним о мире в городе Ассизы, где жил св. Франциск. Отказаться от такого «экуменического» (первоначально слово имело значение «всемирный», и ныне оно возвращается именно к такому использованию) действия означает навесить на себя ярлык слепого фанатика.

Однако всё это не остановило снижение влияния традиционной религии в стране, а, возможно, даже и помогло этому, поскольку её особый вклад становится всё менее явным. В настоящее время нерелигиозность – это жизненный уклад большинства.

СЕКУЛЯРИЗМ (АТЕИЗМ)

Поскольку считается, что ни одна из религий не обладает монополией на истину, никто не имеет право на доминантную роль в жизни народа. В действительности все религии должны быть разрешены, и ни одна не должна поддерживаться официально.

Это ведет к приватизации религии и удалении её из жизни общества. Она становится вопросом индивидуального выбора и предпочтений, её необходимо практиковать конфиденциально или только в кругу тех, чьи вкусы совпадают. Таким образом, религия превращается в занятие свободного времени, своего рода баловством после работы или по выходным. Убеждение и обращение в свою веру становится неприемлемым, поскольку рассматривается как публичное вторжение в личную жизнь.

Международный опрос свидетельствует, что Британия – вторая в списке «безбожных» (т.е. нерелигиозных) стран во всем мире, её опередила только Япония! Кардинал римо-католической церкви Вестминстера стал бить тревогу, когда, по-моему, совершенно правильно обнаружил, что христианство оказалось «на грани исчезновения» (он имел в виду из общественной сферы в качестве общепризнанной религии).

Общественный имидж религии таков, что её всё больше рассматривают как что-то неуместное и устаревающее. Что же занимает её место? Чему люди посвящают себя? Что управляет их желаниями и действиями? Мы рассмотрим три последних «изма».

МАТЕРИАЛИЗМ

Сайентизм утверждает, что физический мир является единственным реально существующим миром. Поэтому неудивительно, что поиск смысла жизни сконцентрирован на чем-то материальном: что можно увидеть, услышать, к чему можно прикоснуться и обонять его запах. Это значит сфокусироваться только на жизни в этом мире, поскольку наука не может обнаружить ничего за его пределами. В таком случае не существует никакой другой цели, кроме выживания в этом мире. Из такого понимания и возникло широко распространённое мнение, что счастье – это единственная цель всего мира; оно лишь принимает различные формы в зависимости от того, где, по мнению человека, находится источник счастья – в людях или в вещах.

ГЕДОНИЗМ

Поиском всего, что приносит счастье и, соответственно, возможности убежать от того, что приносит боль, можно объяснить значительную часть жизнедеятельности современного общества, начиная с все более возрастающего экзотического туризма и заканчивая одержимым стремлением получения полового оргазма любыми путями. В попытке убежать от реальности в мир фантазий, человек прибегает к искусственным стимуляторам, напиткам, наркотикам и т.п.

Здоровье – одно из насущных составляющих счастья. Поскольку слабое здоровье неизбежно приносит боль и дискомфорт, общество, посвятившее себя наслаждению, будет постоянно беспокоиться о нем, несмотря на то, что приобретает привычки, явно разрушающие его. Растущие требования к эффективности медицинского обслуживания, увеличивающийся интерес к диетам и физическим упражнениям, возникновение альтернативной медицины и прибыли фармацевтической промышленности – все это является очевидными симптомами гедонизма.

Большинство гедонистов ищут удовольствия в чувствах, но есть и те, кто ищет его в другой форме.

КОНСЬЮМЕРИЗМ
(ИДЕОЛОГИЯ ПОТРЕБИТЕЛЬСТВА)

Глядя на огромное количество доказательств, просто поражаешься, насколько распространен миф, что покой в сердце можно приобрести умножением имущества. Совершенно очевидно одно – удовлетворенность купить нельзя.

Деньги – абсолютно необходимый ингредиент для такого поиска. Общество, уверовавшее в то, что счастье находится в вещах, будет отчаянно стремиться приобретать деньги, и неважно какими способами – добрыми или плохими. Игры на деньги от лотерей до неоправданно рискованных биржевых ставок и обмена денег рассматриваются как быстрый способ накопления – более быстрый, чем какое-либо производство или оказание услуг.

Скоро в воскресное утро будет больше людей, которые совершают покупки (в самых разных местах: от передвижных полевых вагончиков до современных «кафедральных соборов» городских супермаркетов и молов), чем тех, кто придёт поклониться Богу. В настоящее время каталог IKEA имеет тираж, в четыре раза превышающий издание Библии. Правительства пребывают у власти и сменяются в зависимости от того, как управляют экономикой. «Рынок» становится всемогущим.

Этот краткий, доступный каждому обзор показывает, в каком направлении движется Британия. Все девять факторов, перечисленных выше, антихристианские и, в общем, антирелигиозные. Все вместе они показывают, почему христианство находится в меньшинстве вместе с другими вероисповеданиями, которые, по мнению большинства, могут иметь единственную ценность – повлиять на социальное поведение человека и несколько уменьшить преступность и бедность.

Но это – ещё не всё. Духовные нужды не получают удовлетворения. В человеке есть пустота, кричащая о необходимости заполнения. «Пустота, соизмеримая с величиной Самого Бога» всё ещё не заполнена. Кто-то или что-то должны заполнить её. Если это не будет единый Истинный Бог, то это будет идол любого рода.

Большая часть поклонения, включающего в себя как подражание, так и соперничество, направлено на человеческие существа: на «звёзд» музыки, кинематографа и спорта. Недавний фотопортрет Виктории и Дэвида Бэкхем (певицы и футболиста) представил их в виде индуистских богов, которых необходимо включить в пантеон. В числе «звёзд» можно рассматривать и членов королевской семьи, их трагедии (похороны принцессы Дианы) и триумф (юбилей королевы Елизаветы). Однако рано или поздно, но объект почитания становится «колоссом на глиняных ногах», и объектом обожествления становится другой.

И вот здесь-то и проявляется реакция на западный материализм, часто приходящая в виде восточного мистицизма. «Битлз» был в числе первых. Поколение постмодернизма с распростертыми объятиями принимает «духовность», как бы она не выглядела, включая довольно странные и опасные формы её проявления. Для некоторых духовность означает возврат к христианским традициям, но для большинства новизна и в этом вопросе имеет огромную привлекательность, что приводит к увлечению различными смешениями современного движения Нью Эйдж и старого оккультизма. Даже древнее язычество имеет некоторое возрождение. В общем, годится всё, особенно в среде молодежи.

Есть и другой вариант, а именно: принять одну из уже существующих мировых религий, но являющуюся новой для британской культуры. Такая религия могла бы удовлетворить существующие интересы и стать доминирующим вероисповеданием в обществе. Из всех потенциальных кандидатур ислам продвинулся больше всех, его присутствие и влияние очевидно. Сейчас это – вторая по количеству последователей и наиболее быстро растущая религия в Британии (как и во всём мире). И снова нам поможет краткое описание происходящего.

За несколько десятилетий количество мусульман в Британии увеличилось от нескольких тысяч до более двух миллионов. Лондонский епископ заявил, что к

2004 году в Англии будет больше мусульман, чем англикан. Большая часть этого прироста произошла за счёт эмиграции – легальной и нелегальной. Легальные эмигранты переселяются из бывших британских колоний, таких как Пакистан, нелегальные, «по иронии судьбы», являются беженцами из мусульманских стран, таких как Афганистан. Благодаря нашей системе социального обеспечения Англия оказалась предпочтительным местом для переселенцев.

Существуют и другие факторы. Уровень рождаемости в мусульманских семьях превосходит рождаемость в обычных семьях британцев (ситуация в христианских семьях может несколько отличаться). Всё больше английских девушек выходят замуж за мусульман и принимают их вероисповедание и стиль жизни. Таким образом, количество новообращённых исчисляется тысячами, по некоторым заявлениям – «больше, чем обращаются из ислама в христианство».

Вначале появилась одна мечеть возле Woking в графстве Саррей (её можно увидеть с полотна железной дороги, ведущей в Лондон), теперь же их насчитывается более 2000. Некоторые из них – новые величественные строения, другие же перестроены из баров, магазинов, кинотеатров и даже церквей (мечеть в моём собственном городе Бэсингстоке находится в бывшем евангельском доме, принадлежавшем плимутским братьям-дарбистам). Самая большая мечеть построена в Риджентс-Парке – одной из самых больших строительных компаний Британии, основанной христианской семьёй Лаинг (недавно она была продана за бесценок, всего лишь за один фунт стерлингов).

Во многих городах Британии значительные территориальные анклавы принадлежат мусульманам, особенно в индустриальном Мидленде и на севере страны, но более всего – в самом Лондоне. Эти места – не гетто, поскольку никто не заставляет людей изолировать себя там, но привлекают общими интересами так, что фактически стали закрытыми сообществами.

Ислам проник и в систему образования. Уроки сравнительного религиоведения открыли дверь в государственные школы. Выставки, рассказывающие о мусульманстве, находятся в начальных школах. Открываются центры по изучению ислама в университетах. Центры в Оксфорде (профинансированный из Шарджи (ОАЭ)) и в Эксетере (финансируется из Омана и Дубая) были первыми, за ними последовал Уэльский университет. Мусульмане открывают свои собственные школы (с финансированием за государственный счет) и колледжи.

Оказывается влияние и на политику в конкретных местностях, и в национальном масштабе. Депутаты-мусульмане находятся в Палате лордов (верхняя Палата британского парламента), один из них – член консервативной партии, остальные – лейбористской. Среди политиков просматривается желание содействовать меньшинствам с помощью законодательства о расовых взаимоотношениях, и совсем недавно – закона, направленного против «дискредитации религии» – преступления, которое довольно сложно четко определить. Другие сложные вопросы взаимоотношений между законами ислама и Британии (например, о браке и наследстве) ещё ждут своего решения. Далее, британские мусульмане сформировали свою собственную политическую партию (1989 г.), парламент (1991 г.) и совет Великобритании, соединив в нём 250 различных организаций (1997 г.).

Нефтедолларовые инвестиции уже достаточно долго находятся на коммерческой сцене (особенно, в Лондоне), где в таких операциях задействована пятая часть банковских резервов и их отзыв может повлечь за собой финансовый кризис. Торговля со странами Среднего Востока (особенно, торговля вооружением) является особо важной частью британского экспорта. Самые значительные отели и магазины Лондона принадлежат арабам. К этому остаётся только добавить зависимость Британии от нефти, поставляемой из исламских стран Среднего Востока.

В настоящее время больше издаётся книг об исламе на английском языке, чем на арабском, и в Лондоне больше мусульманских газет, чем где-либо ещё. После событий 11 сентября 2011 года чрезвычайно усилился интерес к исламу, и многие колледжи предлагают курсы по его изучению. По телевидению транслируется огромное количество программ на эту тему, так что пресса говорит о Канале 4 как о «Голосе ислама».

Известные люди вносят свой вклад в популяризацию мусульманства. Цветная фотография королевы Англии, входящей в мечеть без обуви, была помещена на центральную страницу той же газеты, где была помещена статья о моём предсказании завоевания Англии исламом. Герцог Эдинбургский участвует в работе фонда, целью которого является пояснительный перевод Корана на английский язык. Роман принцессы Дианы с Доди мог закончиться первым браком члена британской королевской семьи с мусульманином. Мухаммед Аль Файед, отец Доди и владелец сети дорогих лондонских магазинов, Харродз (ранее королевская семья была постоянным клиентом этих магазинов), настолько верил в исполнение этой мечты, что убеждён: гибель Дианы и Доди была результатом заговора, а не случайности.

Принц Чарльз довольно открыто говорит о своих симпатиях к исламу и заявил о своём желании при коронации получить титул не «Defender of the Faith» («Защитник [христианской] веры»), а «Defender of Faith» («Защитник вероисповеданий»), т.е. всех религий, хотя он, в первую очередь, имеет в виду именно ислам. Противникам этого изменения нужно напомнить, что нынешний титул был дарован Папой Римским королю Генриху VII за написание указа против Лютера и протестантизма! А разногласия и разрыв с Римом у короля произошли не на доктринальной почве, а на почве развода.

Бывший премьер-министр Джон Мейджор открыл Мультимедийный центр для ислама. Нынешний премьер-министр Тони Блэр вначале признал, что читает Коран каждый день, но позднее заявил, что делает это исключительно с целью получения информации об исламе после случившегося в Нью-Йорке. Он вместе с президентом Соединенных Штатов Джорджем Бушем прилагает максимум усилий, чтобы убедить мир в том, что англо-американская «война против терроризма» не направлена против ислама, даже несмотря на то, что приходится вторгаться в мусульманские страны, такие как Афганистан и Ирак. Разве они настолько наивны, что думают, будто террористический акт, совершенный во имя Аллаха, не имеет никакой связи с исламом, или это пропаганда, чтобы избежать нагнетания обстановки в арабском мире, жизненно важном источнике нефти? Старания Тони Блэра в присоединении Турции к Евросоюзу, несмотря на то, что большая часть этой страны находится в Азии, могут быть движимы той же мотивацией. Если это произойдёт, она станет первой мусульманской страной в Европейском сообществе, государства которого имеют христианскую традицию.

Мусульманские лидеры довольно открыто говорят о своих надеждах привести Объединенное королевство к вере в Аллаха и поставить не только мусульман, но и всех нас в подчинение его законам (шариат). Вот несколько цитат. Первая: «Это должно стать нашей целью, или нам нечего здесь делать. И да даст Аллах нам успех. Но это должно произойти эволюционным путём более, чем революционным». «Путём ведения психологической войны, демонстрируя образ жизни, соответствующий исламу» – гласит вторая.

Уже сейчас мусульманское сообщество имеет большее влияние, чем любое другое общество подобных размеров, и его деятельность получает большее освещение в средствах массовой информации, чем любая другая религия, подобная индуизму или буддизму.

Частично это происходит из-за нашего страстного желания быть «политкорректными» в отношении меньшинств и не сделать ничего, за что можно было бы получить ярлык «расист». На критику других культур и религий наложено табу.

С таким влиянием пришел и страх, особенно после смертельного приговора, вынесенного Салману Рушди за его роман «Сатанинские стихи» (ответ на вопрос, почему это было так оскорбительно, вы найдете в главе 6). Даже в этой стране, провозгласившей свободу слова, угроза, исходящая из такой далёкой страны, как Иран, вынуждает этого автора прятаться. Во время рождественских праздников в 2002 году Британская организация Красного креста запретила помещать рождественские декорации в 432 благотворительных магазинах, принадлежащих ей, чтобы покупатели-мусульмане не были оскорблены. Ироничная ситуация, поскольку запрет не был основан на просьбе мусульман, так как многие из них в собственных магазинах поместили рождественские украшения, не имеющие никакого отношения к самому Рождеству, да и мусульмане также верят в то, что Христос рожден от девы. По телевидению в программе, вышедшей в то время, когда большинство телезрителей находятся у экранов, прошел сюжет, говорящий о том, что Иисус появился на свет в результате того, что римский солдат изнасиловал Марию! Один журналист прокомментировал это так: «Сейчас христианство – это единственная религия, над которой можно насмехаться публично!»

Средства массовой информации не посмеют смеяться над Мухаммедом из-за страха оскорбить чувства мусульман, несмотря на то, что всегда открыты для возможности насмехаться над христианством и даже Самим Христом (на память приходит фильм «Житие Брайана»). Откуда такая вопиющая несправедливость? Одна из причин может заключаться в том, что Христос учил Своих последователей не противиться злу и не воздавать злом за зло (фраза «подставь другую щеку» стала частью нашего народного языка), поэтому христиане не представляют угрозы и их нечего бояться, в то время как термин «джихад», по мнению многих, подразумевает применение насилия (больше мы исследуем эту тему в главе 4), и поэтому является серьёзной угрозой.

В заключение описания такой импрессионистической картины хочу подчеркнуть, что предсказание, которое вдохновило на написание этой книги, не происходит от исследования фактов, изложенных в этой главе. Только после того, как я ощутил предчувствие, что может сделать ислам, осознал значимость этих фактов и необходимость исследовать современную ситуацию более тщательно. Собрав данную информацию, я увидел ещё более впечатляющую картину.

Возникает один вопрос: победит ли ислам с помощью обычного демографического роста, когда мусульмане станут настолько многочисленными, что составят большинство в этой стране и будут управлять ею, поскольку это и есть способ управления демократической страной? Или же этот процесс будет ускорен всё увеличивающимся числом новообращенного населения Британии, принявшим веру во многом инородную их темпераменту и традициям? Может ли ислам быть привлекательным для них?

3

Привлекательность ислама

Один мой друг-христианин работает психологом в школе. Он был очень обрадован, услышав от парня, которому старался помочь найти смысл в жизни, что тот уверовал в Бога и принял Его в свою жизнь. К своему величайшему удивлению и разочарованию, несколько недель спустя мой друг узнал о том, что этот мальчик-англичанин стал мусульманином. Он стал одним из многих тысяч наших соотечественников, сделавших подобный выбор.

Ислам произошел и многое наследовал из арабской культуры, существовавшей четырнадцать столетий назад. Например, стиль одежды достаточно инороден для традиционной британской культуры. Почему же люди в этой стране принимают его? В чём его привлекательность?

Чтобы найти ответ на этот вопрос нам нужно обратиться к «сравнительному религиоведению» – предмету, в настоящее время преподаваемому в государственных школах, в котором, как следует из названия, религии сравниваются друг с другом. В нашем случае мы будем сравнивать ислам и христианство.

Много лет назад одно из первых сатирических шоу, выходивших на телевидении Би-би-си, называлось «*Это было на прошлой неделе*» (Дэвид Фрост на ТВ-3). Один из выпусков представил «руководство покупателя в магазине религий», написанное в стиле Ассоциации потребителей и журнала «Which»(«Который»). В нём баллы начислялись за положительные стороны и снимались за недостатки. Я уже не помню, какой именно религии досталось звание «лучшей покупки».

Мы также воспользуемся точкой зрения покупателя. Приглашаю читателя представить, что он или она – типичный человек времён постмодерна, ищущий духовный смысл жизни, убежденный в существовании какого-то высшего существа и ищущего возможности общения с ним. Поиск начнется с двух религий, имеющих наибольшее число последователей.

Наше сравнение будет основано больше на впечатлении, чем на исследовании, на образе, который избрало общество, не всегда понимающее разницу между формальным (номинальным) присоединением и искренним посвящением: между тем, что я бы назвал «церковностью» в противовес настоящему христианству.

Судя по самым простым критериям, ислам имеет значительную привлекательность. Если сравнить его с тем образом, который имеет официальная церковь Британии (несмотря на то, что она уже не имеет большей посещаемости, чем римо-католические и свободные церкви, в общем итоге насчитывающие менее миллиона посетителей), ислам легко покажется более современным, простым, легким, соответствующим жизни, моральным и мужественным.

Я провожу общие сравнения, но, все же, понимая, что в каких-то местностях будут исключения из общего правила, но всё же общая картина останется прежней.

ПРИВЛЕКАТЕЛЬНОСТЬ ИСЛАМА

САМАЯ СОВРЕМЕННАЯ РЕЛИГИЯ

В этом смысле у ислама двойное преимущество в соответствии с тем, какое понимание закладывается в слово «современная» – краткосрочное или долгосрочное. В любом случае два широко распространенных мнения остаются в силе: то, что последнее – лучше, а новейшее – наилучшее.

Ислам – «постхристианская религия». Мухаммед родился на 600 лет позже Иисуса Христа. Фактически – это единственная значительная религия в мире, созданная после основания христианства.

Во многих областях нашей жизни более поздние версии продукта считаются улучшенными, и во многих случаях эта мысль соответствует истине, поскольку при доработке используется опыт и более лучшее понимание. Неудивительно, что потребительски настроенное общество имеет подобные ожидания и в вопросах религии.

Именно так и представляют свою религию мусульмане, признавая иудаизм и христианство своими духовными предшественниками и проводя линию пророческой преемственности от Адама к Иисусу с кульминационной точкой в Мухаммеде. Однако после того как он дополнил и исправил все предыдущие откровения, оказывается, что его весть представляет предыдущие откровения устаревшими, вышедшими из употребления и потому ненужными. Более того, мусульмане считают, что Ветхий и Новый Заветы настолько искажены за время их передачи от поколения к поколению, что уже не являются достоверной записью учения более ранних пророков, которые, будучи правоверными мусульманами, учили тому же, что и последний вестник Божий, Мухаммед.

Поэтому ислам сам говорит о себе как о последнем и лучшем учении. Вследствие этого для мусульманина психологически трудно подумать о том, чтобы обратиться от ислама к Христу, подобно как христианину вернуться к Моисею. Только экстравагантный любитель антиквариата мог бы сменить последнюю модель БМВ на автомобиль «Форд-Т», старинную жестянку «Лиззи» (аналог горбатого «Запорожца»).

Ислам пользуется и другой стороной выгодного имиджа «современной религии». Он ещё относительно нов на британской сцене. Хотя некоторые знают об исламе как о религии, практикуемой за океаном, и даже встречались с небольшими вкраплениями его поборников в жизни этой страны, всё же, больше стали замечать его в течение последних десятилетий прошлого столетия. И только совсем недавно стали задумываться об исламе как о жизнеспособном вероисповедании и возможной альтернативе традиционной религии в воспитательных и образовательных целях.

Мы с вами уже замечали присутствующий в современной британской культуре поиск нового и действенного, иногда заходящий в область «духовности». Было бы удивительно, если бы люди не проявили интерес к тому, чтобы попробовать и что-то новенькое, появившееся на религиозной сцене. Увлечения и мода всегда ищут самого последнего и самого нового.

Религия, ранее считавшаяся чужой, становится все более и более знакомой. То, что раньше было очень далеко, теперь может оказаться по-соседски. То, что несвойственно нашему образу жизни, становится обычной её частью. В наше время вполне приемлемо быть «британским мусульманином», и популярность этого термина растёт, особенно в городской среде.

Итак, ислам – «новая» религия исторически и для нашего народа. Интерес к новизне был всегда, особенно в религии и философии. В Древней Греции «афиняне же все и живущие у них иностранцы ни в чем охотнее не проводили время, как в том, чтобы говорить или слушать что-нибудь новое» (Деяния 17:21). Это увлечение и дало апостолу Павлу возможность проповедовать о христианской вере, новой для них. В наше время ислам получил внимание средств массовой информации по этой же причине.

В противоположность исламу, христианство приобрело образ чего-то старого и даже древнего. «Старомодно», «несовременно», «устарело», «отстало от жизни» – эти и другие подобные им фразы выражают мнения многих людей. Служения поклонения Богу ведутся людьми, одетыми в одежду старого римского стиля, в готических зданиях, на языке времён королевы Елизаветы (это целое искусство, не правда ли?) и с музыкальным сопровождением в стиле викторианской эпохи. Кафедральные соборы стали музеями, в которые туристы заходят на экскурсию за соответствующую плату, и более посещаемы в случае проведения музыкальных вечеров, чем для молитвы и прославления Бога.

Многие люди вспоминают о церкви с ностальгией как об ушедшем прошлом больше, нежели смотрят на неё с надеждой на будущее. Музыка всё ещё находит глубокий отклик в душах людей. Самая востребованная песня из фонотеки «Песни хвалы», принадлежащей Би-би-си, это – «Старый крест». В этой стране всё ещё имеется значительное число людей, ранее посещавших церкви, и тех, кто в детском возрасте посещал воскресные школы, но уже «вырос из этого».

Вероятно, христианство присутствует здесь слишком долго, чтобы иметь привлекательность новой религии около двух тысячелетий. Фамильярность рождает презрение. Для многих христианство – «я пробовал верить, но мне это не подходит», а ещё большее число людей даже никогда и не пробовало этого. Просто эта религия осталась в прошлом, она неуместна для поколения, живущего сегодняшним днём и мало заботящего о будущем.

Возможно, ислам и есть религия двадцать первого столетия, как утверждают его последователи. Так это или нет, но, может быть, её стоит попробовать? К тому же, кроме того, что эта религия новая, она имеет еще и другие привлекательные стороны.

ПРОСТАЯ РЕЛИГИЯ

Ислам – достаточно простая религия, её смогут понять все без исключения и сразу же будут готовы объяснить её другим. Его вероисповедание невозможно сделать ещё проще, оно состоит из одного предложения, кратко упоминающего две личности: «Нет иного бога, кроме Аллаха, и Мухаммед – Его пророк (посланник)!» Эта мысль выражена как факт, а не предмет веры, и не имеет никакого вступления наподобие «Я верю, что...»

Его священные писания несложны. В основном, это – одна книга, запись рассказов одного человека (это и есть значение слова Коран – *Al Quran*). Книга приемлемых размеров, всё её содержание написано в одном стиле; она легко читается. Книга расскажет вам то, что нужно знать о божьей воле.

Ее богословие просто, и осмыслить его можно быстро. Есть только один бог (монотеизм), обладающий полным контролем над нашей жизнью. Его воле сопротивляться невозможно (*Инш'аллах* – «Бог желает этого» – выражение безропотного принятия, недалеко ушедшее от фатализма). Человеческие существа, рожденные в невинности, имеют свободу выбора подчиниться его воле (мусульманин – значит «подчиненный») или восстать против неё. В день расплаты творец, от которого все мы произошли и которому подотчетны, взвесит все наши добрые и злые дела на своих весах и определит нашу судьбу в соответствии с тем, что перевесит. Однако, будучи милостивым и сострадательным, он может проявить снисходительность и простить кое-что из плохого. Но мы этого не сможем точно узнать до того момента, как это произойдёт. Рай, место многих удовольствий, включая физические, такие как пища, напитки и секс, ожидает тех, кто пройдет это испытание. В то же время тех, кто окажется недостойными, ожидают бесконечные мучения в огне. Хорошие духовные существа (ангелы) записывают наши дела, плохие (джинны) – искушают, чтобы мы сделали зло. Таковы «основы», в которые верит каждый мусульманин.

В вопросах принятия – это самое простое вероисповедание во всём мире. Присоединиться к нему легче всего. Всё, что требуется – это в присутствии свидетеля произнести приведенное выше вероисповедание, состоящее из одного предложения.

Напротив, христианство – намного сложнее, и многое из того, чему оно учит, трудно понять и принять. В его вероучении упоминается пять личностей: три божественные и две человеческие. Из последних – одна благородная женщина, благодаря которой Христос родился, и подлый мужчина, виновный в Его смерти. Христиане создали смесь из космологических, исторических, биологических и церковных утверждений, часто используя невразумительные и архаичные фразы (к примеру, «Бога истинного от Бога истинного»). Хотя они и представляют факты, но выражают их как элемент веры, всегда начиная со слов «я верю, что...».

Их Писания намного длиннее и разнообразнее по содержанию. Будучи написаными более сорока авторами и более чем за четырнадцать столетий, они имеют различия не только в стиле и содержании, но и в жанрах, включая в себя песни, притчи, истории, предсказания, биографии и письма. Библия больше похожа не на книгу, а на библиотеку из шестидесяти шести книг. Она разделена на две коллекции – христианские труды Нового Завета (примерно такого же объема, как и Коран), и еврейские Писания Ветхого Завета (в четыре раза больше по объему), присоединенные к христианским, поскольку Бог Израиля и Отец Иисуса – это одна и та же Личность. Прочтение этой книги полностью – чрезвычайно трудная задача, поскольку содержит три четверти миллиона слов. Многие из тех, кто попытался сделать это, сдались на третьей книге, Левит, потому что в ней увлекательное повествование первых двух книг сменяется на древнее законодательство.

Богословие этой религии для многих кажется достаточно нелогичным, многое из него выходит за пределы понимания разума. Вероучения неизменно делятся на три части, каждая из которых фокусируется на трёх Божественных Личностях: Отец, Сын и Дух Святой.

Сразу же привлекает внимание наиболее отличительный элемент, уникальный среди всех остальных религий мира – несмотря на то, что существует только один Бог, в то же самое время существуют три различные Личности, называемые Богом, каждая из Которых имеет понимание о Себе и других. При этом они настолько едины в сердце, мыслях и воле, что христиане никогда не используют множественное «они», говоря о Боге только «Он». Такую веру нельзя назвать ни чистым монотеизмом (в нём только одна личность может быть названа Богом), ни политеизмом (вера в существование множества богов, к примеру, индуизм), ни тритеизмом (существование трёх богов, в чём мусульмане склонны обвинять христиан). Для такого уникального Бога нужно создать особое слово – «триединотеизм», но в течение столетий используется более простое слово – Троица, происходящее от слов «три» и «единство».

Вера в то, что $1+1+1=1$ – это математический нонсенс (хотя и $1 \times 1 \times 1=1$), но имеет духовный смысл для миллионов христиан, которые имели встречу со всеми тремя Личностями, однако убеждены, что существует только Один Бог, создавший единую Вселенную.

И как будто этого учения недостаточно, чтобы загрузить наш разум до его пределов и более, в христианстве есть ещё учения о второй и третьей Личностях, одинаково невероятные и непостижимые.

То, что Христос рождён от девы, – необычно, хотя Коран и принимает это. Мусульмане не могут принять то, что Он вечно существовал как Единственный Сын Бога и *избрал* родиться человеком. Христиане называют это «воплощением». Он избрал прийти «во плоти».

Есть ещё и учение об искуплении, основанное на мысли, что Бог не может простить грех без компенсации, выраженной в принесении жертвы крови. Евреи, принося в жертву животных, совершали её как прообраз, но исполнилась она в распятии тридцатитрехлетнего Иисуса Христа. Наказание, возложенное на Него, стало достаточной компенсацией за все грехи всего человечества.

Три дня спустя Он воскрес, перевоплотившись в новое тело, но оставшись Той же Личностью. Такого не происходило ни с кем другим ни до, ни после Него. Через два месяца Он поднялся в космос без помощи ракеты и без защитного скафандра (мы называем это событие «Вознесением»). Однажды Он вернётся на землю в том же теле, не состарившись ни на один день.

Святой Дух является Личностью, но невидимой. Сам Бог поселяется внутри тех, кто уверовал в Его Сына, и даёт возможность использовать Его силу и чистоту, «дары» и «плод» – то, что без Него человек не мог бы иметь.

Люди рождаются грешниками и не могут сами спасти себя от наказания за грех, от его власти и осквернения им, т.е. от греха, в котором эгоистически настроенное человеческое «я» отвергает Божественное откровение, которое все люди получают через окружающую их природу и внутренний голос совести. И только в сотрудничестве с Отцом, Сыном и Духом Святым спасение становится возможным.

Условия для принятия христианства намного сложнее, особенно потому, что они также 'троичны' и включают в себя необходимость покаяния перед Богом Отцом, верования в Бога Сына и принятие Духа Святого, принятие «крещения» (погружением в воду) во имя всех трёх Личностей.

Перед тем как завершить сравнение в этой области, стоит заметить, что, на первый взгляд, ислам кажется более простой и приемлемой версией христианства, в которой отсутствуют трудные догмы. Больший интерес представляют обязанности, чем догмы. Некоторые могут сделать заключение, что ислам – это более лёгкий путь к взаимоотношениям с тем же Богом, не требующий настолько значительных интеллектуальных упражнений.

Спасение в стиле «сделай сам», приемлемое в исламе и в других религиях, больше подходит британскому способу мышления от франкмасонской элиты и общественных школ до напичканного мифами «человека с улицы», считающего, что он и без всякой ассоциации с церковностью и доктринального посвящения может быть настолько же хорош, как и христианин. Религия, проповедующая самодостаточность, сохраняет гордость, в то время, как признание своей полной несостоятельности и полной зависимости – это унижение.

ЛЕГКАЯ РЕЛИГИЯ

Мы с вами находимся в сфере «ритуальных» требований. Кроме хорошего поведения, что ещё нужно делать, чтобы практиковать данную религию? В каких духовных действиях я должен участвовать?

ПРИВЛЕКАТЕЛЬНОСТЬ ИСЛАМА

Ислам имеет пять «столпов» основных правил, которые должны соблюдаться всеми посвящёнными мусульманами. Все они находятся в пределах возможностей любого человека. Хотя они и могут быть не совсем удобными, но не являются непрактичными и легко могут быть исполнены при желании проявить некоторые усилия и дисциплину.

Как гласит Коран: «Аллах не возложил на тебя трудностей религии».

Первое правило – регулярно произносить простое вероучение, состоящее из одного предложения. Второе – самостоятельно молиться Аллаху пять раз на день и каждую пятницу вместе с другими. Это не занимает много времени, но предварительно требует ритуального омовения некоторых частей дела. Третье – давать милостыню бедным (не мулле и не на мечеть), сумму, размером в 2,5 процента от доходов. Четвёртое – совершать ежедневные посты в течение месяца рамадан (в тот месяц Мухаммед получил первые откровения). В это время нельзя ни есть, ни пить (это особенно трудно в условиях пустыни!) между восходом и заходом солнца, но это требование смягчено возможностью делать и то, и другое, как только стемнеет. Пятое – хотя бы один раз в жизни совершить паломничество в Мекку, находящуюся в Аравии, конечно же, если в состоянии это сделать. При этом нужно обойти священное здание *Кааба* семь раз, принести жертву и выйти за город, чтобы бросить камни в дьявола.

Это и всё. Красота таких требований заключается в том, что они очень просты и конкретны. Их не только относительно легко выполнить, но и нетрудно понять, когда и что нужно делать. Чувство удовлетворённости ожидает тех, кто достиг требуемых стандартов. Каждый может легко проверить, является ли он «хорошим» мусульманином. Хотя от человека требуется больше, чем обычное посвящение, эти установления не являются чем-то неприемлемым.

Наоборот, христианство менее удовлетворительно, или, я имею в виду, удовлетворяющее. Молитвы, посты и пожертвования – всё это часть жизни посвященного христианина. Но нет чётких инструкций по вопросам когда и как, как часто и как много требуется их выполнять. Совместное поклонение и общение явно необходимы, но когда и каким образом их проводить – этот вопрос оставлен открытым.

Такой недостаток конкретных предписаний может привести к двум крайностям.

С одной стороны, возможно самодовольство и самоуспокоенность, довольствование минимальным исполнением и номинальным присутствием. С другой – постоянное беспокойство и чувство вины, часто подогреваемое некоторыми проповедниками, призывающими свои общины делать всё больше и лучше. Понятно, почему некоторые христиане становятся такими несчастными и имеют искушение «всё это бросить».

В некотором смысле легче было бы быть евреем, живущим под законом Моисея с более 600 заповедями, обобщенными в Десять Заповедей. Они знали, что должны отдать Богу седьмую часть своего времени (субботу) и десятую часть своих доходов (десятину). Знали, какие жертвы и за какие грехи их надо принести.

Христиане – не под этими правилами, за исключением тех, которые были одобрены Христом и Его апостолами. Контроль исполнения их исходит изнутри человека, от Духа Святого, поселившегося в нём больше, чем снаружи, с помощью детально прописанного законодательства. Однако для того чтобы развить в себе такую духовность и чувствительность, требуется значительное время и активный поиск всей жизни. Те, кто пойдут этим путём, получат ободрение и желание продвигаться вперёд полученными результатами. Те же, кто хочет достичь своих целей быстро, будут разочарованы.

ПРИВЛЕКАТЕЛЬНОСТЬ ИСЛАМА

Церкви имеют большое искушение вернуться к четким правилам. Придуман Великий пост, длиной примерно соответствующий рамадану. Настаивают на десятине (обычно не в пользу бедных, а на церковь). Посещение совместных поклонений становится чуть ли ни принудительным требованием. Святые дни расписаны (сейчас они уже стали государственными праздниками!) и установлены особые праздничные служения (толпы народа посещают церкви на Рождество и Пасху). Этого вы не найдёте в Новом Завете, и, похоже, это становится заменой обязанности учить верующих как быть водимыми Духом Святым. Такие установления позволяют людям, их исполняющим, считать, что они уже выполнили свои обязательства перед Богом. Человеческая природа предпочитает, чтобы ей было чётко сказано, что нужно делать, вместо того, чтобы через личные отношения с Господом познавать, что нравится Ему. Вероисповедание, дающее конкретное руководство в вопросах выполнения религиозных требований, имеет преимущество над другими.

БЛАГОГОВЕЙНАЯ РЕЛИГИЯ

Всякий, кто видел молитву, совершаемую в мечети, будет поражен серьёзностью, с которой она совершается. Один вид многих рядов, состоящих из мужчин всех возрастов и званий, одинаково стоящих вместе, а затем повергающих себя ниц перед Богом так, чтобы лоб касался земли – такое не скоро забудется.

Благоговение – это смесь уважения и трепета. С предметом, вызывающим такое чувство, невозможно обращаться легкомысленно и небрежно. В случае с мусульманами, это отношение распространяется на их Писание, хранимое в доме на верхней полке, и никогда не носимое ниже талии (они просто испытывают сильный шок, когда видят, как христиане роняют Библию на пол), а также на того, кто принёс им эти Писания. Мусульмане не станут слушать и слов, направленных против него. Они – ревнители Его имени и репутации, запрещают любое графическое представление Его в книгах, постановках или фильмах. Любое богохульство наказывается смертью.

Страх – это необходимая составляющая благоговения. Мусульмане боятся Бога. Они очень серьёзно относятся к тому, что в будущем Он будет судить всё человечество, признавая реальность небес и ада. Они верят, что любой мусульманин может в итоге оказаться и в «огне». Они действительно – те люди, которые боятся Бога, и, указывая на недостаток страха Божьего в западных народах, заявляют о важном вкладе, который ислам может внести в жизнь британского общества.

Напротив, страх Господень во многом исчез из христианства. Несмотря на то, что о нём много говорится в Библии – и в Ветхом, и в Новом Завете – сейчас очень редко о нем упоминают и ещё реже практикуют в церквах. Наше поклонение становится все более неформальным и небрежным. Один из моих знакомых выразился по этому поводу так: «Похоже, мы стали поклоняться Богу не Всемогущему, а компанейскому». В худших случаях, служение мало чем отличается от дискотеки, где играет рок-группа, а музыканты и сцена опутаны проводами, заставлены усилителями, не говоря уже о тяжелом барабанном бое, задающем такой ритм, под который собравшиеся могут трястись. Преклонение колен напрочь забыто, даже во время хлебопреломления. Места для сидения должны быть максимально комфортабельны. Одеваться стоит проще, без излишней строгости в одежде – все-таки, это – выходные дни.

Одна из причин, создающих такое различие, состоит в том, что мусульмане ходят в мечеть по одной причине – сделать то, чем можно угодить Аллаху. В то же время, уменьшающиеся собрания в век общества, ориентированного на потребителя услуг, будут целенаправленно стремиться к тому, чтобы угодить людям, а значит – очень близко подойдут к развлекательным мероприятиям. Возможно, будет приемлемо и даже мудро подумать о евангелизации с точки зрения того, что может привлечь людей. Но такой подход оказывает разрушительное влияние на поклонение Богу.

Но есть и богословская подоплека. Те, кого постоянно кормят несбалансированно, превознося Божью любовь и умаляя Его праведность, уже перестали бояться, потому что Он больше не представляет для них никаких опасностей. Если принимать Бога «любви» чувствами, а не через Писания, то такой Бог и мухи не обидит – не то, что сможет отправить кого-либо в ад. Что произошло с призывом: «... будем служить благоугодно Богу, с благоговением и страхом, потому что Бог наш есть огонь поядающий» (Евреям 12:28-29 цитирует Второзаконие 4:24)?

Ответ таков: если Его представлять только как утешающего папочку, (а то и как дедушку!), у людей никогда не возникнет чувства подобного тому, как если бы они находились рядом с извергающимся вулканом или бушующим лесным пожаром.

Отсутствие страха Господня, который является «началом мудрости», отражается на нашей жизни, на нашем поклонении и посвящении себя Богу, и на приходящих в упадок моральных стандартах. Эта мысль подводит нас к ещё одному сравнению.

МОРАЛЬНАЯ РЕЛИГИЯ

Моральные стандарты ислама могут сильно отличаться от наших, но популяризированный образ мусульманства говорит нам, что они «строго» исполняют их. Мусульмане против аморальности (в том смысле, как они её описывают) и идолопоклонства (как говорит Ветхий Завет, эти два греха обычно идут рука об руку).

Они и не думают отходить от применения наказания ни в семьях, ни в обществе, в случае если эти правила попираются. Соблюдение правил обеспечивается применением строгого наказания. Меры наказания за прелюбодеяние, воровство и убийство известны всем – от потери конечности до потери всей жизни. Эти меры действуют успешно: воровство в Аравии – редкое событие.

Но главное наказание обещано не в этом, а в будущем мире. Мусульмане убеждены в реальности адского огня и в том, что вероятность вечных мучений для них настолько же велика, как и обещанные наслаждения рая. Перспективы будущего являются сильным мотивирующим фактором для хорошего поведения в этой жизни.

Обычно они смотрят с отвращением на моральное разложение западного общества, презирая его помешательство на сексе, наркотиках и спиртных напитках (алкоголь им запрещен до момента вкушения райского вина). Такая раскрепощенная жизнь им чужда и создаёт напряженную атмосферу в семьях иммигрантов, когда видят, как их дети растлеваются под влиянием их друзей и средств массовой информации.

Они немедля приписывают такую жизнь несостоятельности и даже врожденной слабости христианства. Конечно, мы должны понимать, что они думают собирательно: каждый человек, рожденный в мусульманской стране, является мусульманином, и поэтому каждый, кто родился на «христианском Западе», является христианином.

Нелегко убедить их в обратном. В этом я убедился в один из рождественских дней 1960 года. Будучи капелланом на Среднем Востоке, я увез группу новообращенных подальше от лагеря, где происходила предпраздничная попойка. Мы поехали на рыбалку на арабском катере. Один из арабов сказал мне, что полагает, что христианство – религия *муш тамам* (нехорошая), поскольку «вы празднуете день рождения своего Основателя тем, что напиваетесь». Если бы подобное произошло в день рождения Мухаммеда, они посчитали бы это оскорблением. Мы могли бы попытаться защитить христианство от подобных обвинений, указав на то, что западные народы только номинально считаются «христианами», а искренние и посвященные христиане находятся в меньшинстве. Но разве церковь не несёт ответственности за состояние народа Британии? Да и сама церковь разве проповедует и живёт по стандартам, превосходящим стандарты общества, её окружающего? На самом же деле, церковь регулярно подвергается критике за то, что не может дать людям чёткое понимание моральных принципов и сама идёт на компромисс с унаследованными ею традициями. Частично эти обвинения направлены на государственную церковь, так как она обладает привилегированным положением в обществе. Однако её гордость своей свободой и широтой в понятиях является её поражением, поскольку, предоставляя «зонтик» для широкого спектра богословских и этических взглядов с целью сохранения имиджа национального единства, она на самом деле идет на компромисс и довольно быстро приспосабливает свои взгляды к современным течениям в обществе. Гомосексуальные отношения и последовательная полигамия (вы можете иметь столько жён, сколько угодно, если только обладаете ими по очереди – в этом-то и состоит отличие от одновременной полигамии) сейчас уже приняты обществом в целом. Церковь идёт за ними вслед, принимая их в члены церкви и даже на роль служителей, а также сочетая разведенных. Педофилия же всё ещё не одобряется большинством, поэтому церковь ещё смущается, когда такие случаи выявляются в среде священнослужителей. Вместо того чтобы вести общество вверх к более святой и счастливой жизни, чаще выглядит так, что церковь следует за обществом вниз, лишь пятками находясь немного позади всех остальных.

Более того, муки адского огня уже рассматриваются как возможная угроза даже в среде евангельских проповедников. «Условная вечность» или аннигилизм, вера в то, что грешники просто прекратят своё существование после смерти или после суда, широко распространена в наше время. То, что такая альтернатива не побуждает к добру и не отвратит человека от плохой жизни, доказывается тем, что те, кто уверовал в неё, этого не проповедуют. Маловероятно, что человек откажется от жизни в грехах, пороках и преступлениях, если однажды просто уснёт и больше никогда не проснётся. Именно вероятность того, что придётся заплатить за всё бесконечными муками без единой надежды на то, что можно избежать их, имеет наибольшие шансы привести человека к покаянию. Софистические разговоры о том, что страх является неправильным мотивом, должны умолкнуть при напоминании, что всё, что нам, христианам, известно об аде, происходит из уст Иисуса Христа, Который не стеснялся использовать эти слова, особенно в «Нагорной проповеди». Наибольшее беспокойство приносит факт, что Он адресовал почти все предупреждения Своим ученикам! Христианам нужно бояться ада не меньше, если даже не больше, чем откровенным «грешникам» (чтобы получить более полное объяснение этой мысли, прочтите книгу этого же автора под названием «Дорога в Ад» – «The Road to Hell», издательство Hodder & Stoughton, 1992). Если страха перед адом нет внутри церкви, маловероятно, что он будет вне её. Слишком многие христиане стали самодовольными, поскольку получили заверения от евангелистов и пасторов, что простое исповедание веры, выраженное в «молитве грешника», гарантирует им место в небесах. Небиблейское клише «Спасён однажды – спасён навсегда» дало им сомнительное чувство безопасности. (Я исследую это предубеждение в книге «Спасён однажды – спасён навсегда?» – «Once Saved, Always Saved?», издательство Hodder & Stoughton, 1996). Нам всем нужно вспомнить, что «без святости никто не увидит Господа» (Евреям 12:14).

В то время как наше общество стремительно погружается в моральную анархию, возможна и обратная реакция, возникшая на почве причинённого вреда и требующая возврата к чётким стандартам и соблюдению «законности и порядка». Такие стремления могут стать решающим фактором на будущих выборах и привести к автократическому правлению одной партии и даже одного человека. Отчаявшиеся люди могут возвратиться к религии в поисках морального воодушевления и авторитетного источника своей собственной безопасности и безопасности своих семей. Если это произойдёт, то ислам выглядит более предпочтительно на роль такой религии, чем христианство в его нынешнем состоянии.

РЕЛИГИЯ МУЖЧИН

Подобное сравнение для кого-то может показаться весьма неожиданным, однако эта тема очень необходима в разговоре о будущем религии и всего общества в целом.

Нравится это нам или нет (феминисткам это точно не понравится), но факт остаётся фактом – подавляющее большинство решений, обусловливающих нашу жизнь, принимается мужчинами, затрагивая почти все сферы влияния: политическую, коммерческую, промышленную, культурную и т.д. Из этого очевидного факта мы можем сделать вывод, что наиболее влиятельной религией будет та, которая сможет подчинить своим установлениям мужчин, имеющих социальные обязанности.

Ислам – это религия для мужчин, которые не то что не стесняются, а даже и гордятся, когда выражают свою веру в общественном месте. Мечети переполнены собирающимися в них мужчинами, каждый из них активно участвует в поклонении от самого начала до конца. Это одинаково относится и к мужчинам, находящимся в расцвете сил, и к очень молодым, и к мужчинам преклонного возраста. Также они не стесняются упоминать Бога в личных беседах, при выступлениях перед большими аудиториями.

Это – религия для людей, не посвященных в духовный сан. Хотя в мечети есть и имам, и мулла, но бо́льшая часть служений, особенно миссионерской деятельности, совершается людьми, которых в христианстве назвали бы «простые члены церкви».

Именно путешествующие торговцы являются основной причиной того, что ислам распространился на Востоке и в Западной Африке. Это произошло из-за тех мужчин, которые, ежедневно занимаясь своими делами, не оставляют свою религию внутри мечети по пятницам.

Напротив, у христианства имидж становится всё более женственным. Церкви все больше походят на принцип заполнения спасательных шлюпок «Титаника» – сначала женщины и дети. Очень мало церквей имеют равное соотношение между мужчинами и женщинами, находящимися в собрании (в последних двух общинах, где я выступал, соотношение было 1:5). Руководящие роли все больше переходят в женские руки, особенно с тех пор, как возможность посвящения в духовный сан стала распространяться и на них. Первыми это сделали свободные церкви Британии, потом – англиканские (затем Архиепископ Кентерберийский доказывает, что «церковь должна заслужить доверие современного общества»). Вскоре мы увидим женщин-епископов, в конечном итоге занимающих и святейший престол в Кентербери. Впервые в истории Британии в церквях Шотландии среди служителей насчитывается больше женщин, чем мужчин. Даже оставшиеся мужчины имеют тенденцию и стараются иметь более женственные манеры поведения (исследования, проведенные сотрудником Библейского колледжа Св. Троицы г. Кармартен Лесли Франсисом среди 155 рукоположенных служителей англиканской церкви, показали, что 97 служителей-женщин имели характеристики более присущие мужчинам, в то время как мужчины имели более женственные манеры поведения в обществе).

Церкви поддались давлению феминизма и политкорректности, выпустив «инклюзивную» («учитывающую всех») версию Библии. В ней Бог назван «Отец-мать», а Иисус не просто «Сын человеческий», но «Сын человеческого существа». Один остроумный обозреватель заметил бросающуюся в глаза непоследовательность, написав следующий комментарий: *«дьявол,* наверное, хохочет над тем, как *она смогла* свести с правильного пути»*. В одном из соборов была помещена скульптура, изображающая распятие и представляющая Христа женщиной. В утренней программе Би-би-си были произнесены молитвы «нашей матери небесной», а о Боге говорили как о богине, употребляя местоимение «она».

На уровне семьи заметно, что жены – более религиозны, чем их мужья; и матери, а не отцы, передают христианство своим детям. Матриархат (главенство женщины в семье) был редкостью в Западном мире, но в наше время это явление безудержно растёт. Австралийским социологам даже пришлось придумать новое слово, чтобы описать господство этого явления в их стране.

Арабская культура, из которой произошёл ислам, всегда была патриархальной, и в большинстве стран такой и остаётся. Иудаизм и христианство – оба возникли из одной и той же средневосточной среды. Новый Завет явным образом возлагает обязанность руководства на плечи мужчин, начиная с избрания Иисусом двенадцати апостолов до избрания церквями своего руководства. Однако сейчас это рассматривается как «культурные условия», связанные с социальным положением того времени и неприменимые в наше время (этот вопрос я обсуждаю в своей книге «Руководство – это мужское дело» «Leadership is Male», выпущенную в 1988 году и сейчас переизданную в издательстве Bethel Books).

Эта часть не будет законченной, если не упомянуть об отношении ислама к женщинам, о чём читатель, вероятно, уже размышляет. Правда то, что в Коране утверждается дискриминация по половому признаку, основанная на учении Мухаммеда о том, что женщины – ниже по положению, чем мужчины, их свидетельство перед законом – не настолько важно и их наследство – вдвое меньше. Строгое требование относительно полного покрытия тела женщины раздражает современное общество. Фраза «человек второго сорта» свободно используется в этом контексте.

Несмотря на это, факты свидетельствуют, что в наше время среди женщин новообращенных в ислам больше, чем среди мужчин, и не все они становятся мусульманками вследствие брака. Одним из поразительных примеров стало обращение лидеров «Greenham Common» лагеря протестующих перед американской авиабазой ядерных бомбардировщиков в Беркшире. Другие женщины могут побить рекорды, желая лучше быть «покрытыми», чем участвовать в состязаниях сексуально привлекательных объектов и понимающих, что могут быть приняты «как личность» с соответствующими правами. Женам нравится стабильность жизни в мусульманских семьях. В глубине души большинство женщин желают видеть мужчин более мужественными и серьезно относящимися к своим обязанностям по обеспечению и защите своей семьи.

Здесь мы должны подвести итог этой длинной главе. Мы поставили себя на место неверующего человека, осознающего свою нужду в религиозной стороне своей жизни и решающего, какую из имеющихся в наличии религий стоит попробовать. В потребительски настроенном обществе, каким и является Британия в настоящий момент, представляется маловероятным, что выбор будет сделан на основании объективных истин, но на субъективном чувстве удовлетворения личных потребностей. «То, что мне подходит» – вот определяющий принцип, по которому и принимаются решения.

Мы показали, что ислам сильно продвинулся на этом рынке. Во всяком случае, в глазах британского общества он имеет много привлекательных сторон, если сравнить его с главным соперником – христианством. Поэтому и неудивительно, что всё большее число британцев принимают это вероисповедание и уклад жизни.

К этому времени читатель может прийти к заключению, что я побуждаю людей к такому решению, проводя сравнение между христианством и исламом явно не в пользу первого. Но мои намерения не таковы. На самом деле я хочу помочь христианам взглянуть на себя так, как другие могут увидеть их. Это и составляет большую часть «вызова, который ислам бросает христианству».

Но сравнение может ударить по обеим сторонам, поскольку есть и непривлекательные стороны ислама. Говоря современным языком, его «слабые стороны» – факты, способные заставить потенциального новообращенного сделать паузу и серьёзно взвесить свои намерения.

4

Сущность ислама

Присоединиться к исламу легче, чем к любой другой религии в мире. Всё, что нужно сделать, это произнести главную фразу вероучения ислама, состоящую из нескольких слов. В то же время выйти из ислама – это самая трудная задача. Такое отступничество расценивается как преступление, предательство и измена, влекущие за собой смертную казнь (как это и было в Британии до недавнего времени).

Почему решение духовного вопроса должно рассматриваться как преступление? Ответ нужно искать в самом сердце этой религии, в её сущности. Прежде чем найдем объяснение, мы должны упомянуть три основных источника, которые будут использованы в этом поиске.

Первый из них – *Quran* (по-русски – Коран). Мусульмане так же, как иудеи и христиане – это люди Книги. Их писание меньше Библии, как мы уже отмечали, примерно соответствует размерам Нового Завета. Это собрание откровений, полученных и пересказанных на память в течение нескольких десятилетий одним человеком, записанное и другими людьми, отредактированное и объединенное в один том после его смерти.

Второй источник – хади́с. Это собрание воспоминаний о том, что Мухаммед сделал и сказал в дополнение к прямым откровениям, записанным в Коране. В этой книге находится девяносто девять имен Аллаха, рассказ о путешествии Мухаммеда из Иерусалима на небо и упоминание о смертельном наказании за прелюбодеяние и отступничество.

Третий источник – закон шариата. Основанный на Коране и хадисе, он содержит законодательство для всего исламского общества местных и национальных масштабов. С ростом количества мусульман в конкретной стране растёт и давление, направленное на установление этого кодекса поведения в качестве закона, обязательного для всех.

Из этих трёх источников вырисовываются аспекты, дополняющие общую картину, которая уже выглядит менее привлекательно, чем в предыдущей главе. С точки зрения христиан – это очень слабые стороны религии ислама, даже если они не касаются доктринальных вопросов и различий. Ислам очень сильно отличается своими действиями и способом воплощения своих взглядов.

ТОТАЛЬНАЯ РЕЛИГИЯ

Я намеренно избегаю использования таких прилагательных как «глобальная» и «тоталитарная», поскольку они имеют значительную эмоциональную окраску, хотя, в зависимости от контекста, одно из них может быть приемлемо, а другое – нет. Английское слово «тотально» послужит для описания двух важных характеристик.

И еще, ислам требует подчинить ему всю жизнь человека. Правила охватывают все его действия – от возвышенных дел до самых приземленных. Можно проиллюстрировать это предписанием из Корана молиться, повернувшись в сторону Мекки, и из хадиса отворачиваться в сторону от Мекки в момент испражнения. Каждый аспект жизни регламентирован: от денег – до брака, от питания – до одежды.

С одной точки зрения христианство может этому поаплодировать, поскольку верит в то, что святость должна быть распространена на все области жизни. «Если Он – не Господь всего, то Он – не Господь вообще». Но мы также понимаем, насколько опасно законничество и погоня за внешним одобрением. Христиане знают, что настоящий секрет святости состоит в послушании водительству Духа Святого внутри человека.

С другой стороны, ислам также требует подчинить себе аспекты жизни всего общества. Вот здесь мы и прикоснёмся к самой его сути. Он рассматривает общество как «теократическое», управляемое самим Богом, как Аллаху будет угодно – и в политических, и в личных вопросах.

В этом ислам можно сравнить с Израилем времён Ветхого Завета. Закон Моисея по многим вопросам не сильно отличается от закона мусульман. Смертная казнь за прелюбодеяние и богохульство являются тому очевидными доказательствами. Церемониальные и криминальные (гражданские) законы пересекаются друг с другом, не проводя разделяющую линию между духовными, моральными и социальными требованиями. Грехи против Бога и преступления против общества наказываются таким же образом, как и нарушение закона. Когда Бог управляет народом, Его воля, открытая людям, составляет положение закона. Нет никакой необходимости ни в дебатах, ни в демократии; нужны только те, кто будет следить за исполнением закона и санкции для непослушных. Всё, что требуется от граждан, живущих под теократией, – это «подчинение» (это и есть значение слова «мусульманин») воле Божьей, открытой через Его пророк (а, ...ов).

Христиане находят в Новом Завете иное указание, состоящее в том, что нужно чётко разделить справедливые требования кесаря и Бога. Правитель государства рассматривается как слуга Божий, назначенный Им для поддержания мира и порядка, ограничения действия зла и наказания тех, кто делает зло. Для этого при необходимости он может пользоваться вверенной ему силой и даже лишить жизни (Римлянам 13:1-5 считается классическим отрывком на эту тему). Но миссия церкви очень отличается и состоит совершенно в ином. Церковь использует духовное, а не мирское оружие (Иоанна 18:36; 2 Коринфянам 10:4).

Действительно, церковная история показывает нам реальную опасность от соединения церкви и государства, как это было со времени «обращения» императора Константина. Из этого «христианизированного» царства, в котором последующие папы имели оба «ключа», произошли и Крестовые походы, и инквизиция. Даже Лютер и Кальвин попались в эту ловушку, приведшую к пролитию крови в Германии и Женеве. Если любая религия, включая христианство, «установлена» законом, в результате неизбежно проявится бесчеловечность и несправедливость. Америка является уникальным примером отделения церкви от государства, но «основавшие её отцы» настояли на том, чтобы ни одна христианская деноминация не превратилась в «узаконенную» монополию. Они бы очень устрашились, увидев, что их основополагающие правила были использованы для продвижения атеистических позиций.

В исламе нет разделения на «церковь» и «государство». В своей сути он предназначен быть государственной религией любой страны, и требование исполнять его законы должно быть наложено на всё население законом этого государства. Нет никакого различия между грехом, некультурным поведением и преступлением. Всё это рассматривается как преступление перед законом.

Мусульмане никогда не смогут удовлетвориться индивидуальным обращением человека в их веру. Они также желают видеть целые общества и народы, «подчинёнными» Аллаху. Поэтому ислам – намного больше, чем личная религия. Это – использование законных, социальных, политических и даже военных сил для проведения в жизнь необходимых изменений повсюду, где находятся его приверженцы. Он может практиковаться только там, где закон шариата полностью установлен и обязателен для послушания.

Из этих очень важных основ вытекают и многие другие серьезные последствия.

ТЕРРИТОРИАЛЬНАЯ РЕЛИГИЯ

По мусульманскому учению мир разделен на две территории: сфера или земля Мира – *Дар Ул Салам* (земля Мира, т.е. подчиненная закону шариата) и сфера или земля Войны – *Дар Ул Харб* (земля Войны, та, что еще не подчинена исламу, не подчинена под управление Аллаха). Успех миссии мусульманства не рассматривается как обращение отдельных личностей, но как подчинение Аллаху целых стран. Мусульмане представляют собой большинство населения в сорока пяти странах Африки и Азии. В тех же странах, где находятся в меньшинстве, они пользуются своим влиянием, чтобы контролировать происходящее намного больше, чем позволяет их процентное соотношение, как это видно на примере «Центральной» Нигерии.

Если территория ислама подвергается нападению, её нужно защищать с помощью военной силы, как и во всех остальных случаях, когда нарушаются границы страны. Еще более важно то, что земля, которая в прошлом принадлежала Аллаху и была потеряна, после захвата неверными также должна быть возвращена силой. В обоих случаях мусульманам позволительно подписывать мирный договор там, где их силы встречаются с силами, их превосходящими, но они должны быть расторгнуты, как только можно будет собрать достаточно сил для успешного нападения, и не позднее чем через десять лет.

Всё вышеперечисленное объясняет, почему Израиль является таким большим камнем преткновения для арабского мира, особенно с тех пор, как Израильское правительство заявило о своих правах на Иерусалим (третий в списке святых городов ислама, поскольку Мухаммед видел видение о своём вознесении на небо из этого города) как о своей «вечной столице». Вышеописанное правило стоит за заявленным радикальным намерением «вытеснить» Израиль в море и за широко распространившимся отвращением к американцам за то, что их поддержка Израиля помогает ему оставаться в его «Земле Обетованной».

Необходимо также вспомнить, что огромная часть Европы однажды тоже была «землей ислама», поскольку мусульманские военные силы прошли через Испанию и Францию, а затем, пройдя через Балканы, дошли даже до ворот Вены.

ИМПЕРСКАЯ РЕЛИГИЯ

На мусульман возложена обязанность не только защищать территории ислама и отвоёвывать территории, ранее принадлежавшие ему, но военным вторжением или просачиванием завоевывать новые. Поскольку «нет других богов, кроме Аллаха», они не смогут успокоиться до тех пор, пока его правление не будет восстановлено над всем миром. Поскольку Он сотворил мир, то этот мир по праву принадлежит Ему, и Он возложил ответственность за его возвращение на его последователей. Цель достаточно ясна, хотя методы достижения цели могут варьироваться от физического воздействия до умственного убеждения.

Другими словами, ислам – это миссионерская религия с намерением привести все народы под управление Аллахом. Однако удивительно то, что это распространение чаще всего достигается «простыми» людьми, а не «священнослужителями». К примеру, ислам был распространен по восточному побережью Африканского континента торговцами и моряками.

Христианство также является миссионерской религией, имея намерение донести Евангелие «до края земли». Но его мандат, данный Христом, состоит в приобретении учеников из всех этнических групп, а не в попытке установить правительственный контроль. Часто христиане надеются на миссионеров-«профессионалов», которым платят за распространение своей веры. Иногда христианство попадало в другие страны под защитой имперского захвата и колонизации, к примеру, как это было в Индии. Но многие верующие ехали на служение без такой поддержки и защиты, таким образом, совершая весьма значительную, а иногда и высочайшую жертву. Если христиане соответствуют своему истинному образу, они отказываются использовать силу, считая, что лучше умереть, чем убить. Иисус заповедал Своим последователям позицию непротивления. Цель никогда не оправдывает средства.

Ислам больше, чем миссионерство. Потому, что «церковь» и «государство» – идентичны, эта религия является имперской. Поскольку большинство империй распространялись с применением силы (иногда коммерческого давления, но обычно военным путём), нам нужно задать вопрос: до какой степени это относится к исламу, так как эта религия стремится завоевать весь мир? Глобальные амбиции неизбежно ведут к военной агрессии.

СУЩНОСТЬ ИСЛАМА

ВОИНСТВЕННАЯ РЕЛИГИЯ

Большинство христиан считают, что государственной власти разрешено использовать «меч», чтобы сохранить внутреннюю стабильность и защитить себя от внешних угроз. Однако они также считают, что ситуация должна обладать характеристиками «справедливой войны», то есть этот конфликт должен быть «оправдан» на основе морали.

Однако, когда церковь и государство становятся одним целым, как христианство в Средневековье и ислам за всё время своей истории, тогда возникает новое понятие – «священная война», оправдываемая духовными целями. К ней обычно относятся как к «Крестовому походу» против соперничающей веры.

Сейчас самое время рассмотреть значение того, что ислам называет *джихад* – понятие, о котором широко распространившееся мнение предполагает, что это и есть так называемая священная война – использование физической силы и вооружения в религиозном конфликте.

Со времени террористических атак на Нью-Йорк и Вашингтон, совершенных 11 сентября 2001 года, мусульмане, живущие в Западном мире, прилагают огромные усилия, чтобы не ассоциироваться с подобным «экстремизмом», изобразить ислам как миролюбивую религию и интерпретировать *джихад* в духовном, а не в физическом смысле. Такая апологетика была бы более убедительной, если бы они также осудили подобную тактику, используемую палестинцами против израильтян и массового уничтожения христиан в Индонезии, Судане и Нигерии. На основе их молчания каждый может заключить: они считают, что эти зверства оправданы.

Итак, что же по-настоящему означает *джихад*, и какой диапазон конфликтов он охватывает? Этот вопрос важен из-за его выдающейся роли в мусульманском вероисповедании и практике. Он даже был назван «шестым столпом ислама», т.е. жизненно важной ответственностью всякого, кто желает подчиниться воле Аллаха.

Основное значение этого слова – борьба или усилие. Взятое в контексте, оно означает борьбу против сил зла, в высшей мере – против сатаны (по-арабски *шайтан*).

Конечно же, это включает в себя и внутреннюю борьбу. Существует джихад языка – усилие, которое требуется для того, чтобы рассказать о своей вере другим. Джихад руки – усилие, которое необходимо для совершения добрых дел, джихад сердца – усилие, требуемое для противостояния искушениям. Можно суммировать вышесказанное призывом к борьбе с неверностью внутри себя.

А как относительно неверности внутри других? Неверующие в Коране названы «неверными». Мусульманина призывают: «Борись, борись, борись с неверными». Но на самом деле это арабское слово значит «Убей, убей, убей». Это намного превосходит единичный призыв.

Исторически меч сыграл значительную роль в распространении ислама. Сам Мухаммед участвовал в большом количестве сражений. Жители Мекки дважды побеждали его, но, в конце концов, сдались, когда его силы превзошли их. Бойцы-арабы с легкостью одолели Аравию и Средний Восток, а затем и Северную Африку, Западную Азию и Северную Европу, оставив в наследство «узаконенный» ислам в качестве замены всем существовавшим там вероисповеданиям.

Даже сегодня жестокость оправдывается тем, что преследуемые враги ассоциируются с представителями демонических сил. Израиль – это маленький сатана, а Америка – большой сатана. Поэтому и тот, и другой может быть законно уничтожен во имя великого Бога, словосочетание – *Аллах Акбар* стало военным кличем в таких нападениях.

Однако нам нужно признать, что некоторые говорят о «борьбе за душу ислама», происходящей между «воинствующими» и «модернистами», а последние ограничивают джихад только внутренней борьбой против зла. В следующей главе мы рассмотрим это более детально и постараемся определить, какое из понятий является превалирующим.

До этого мы только лишь заметим, что мир в понимании мусульман, скорее всего, означает установление единоличного правления ислама, а не толерантное сосуществование различных религий.

РЕЛИГИЯ, ИСКЛЮЧАЮЩАЯ ДРУГИЕ

Ислам, практикуемый в самых крайних формах, не может терпеть ни одну из других религий. Саудовская Аравия – самое сердце ислама – является самым ярким примером тому. Ни одно из вероисповеданий не может быть исповедуемо здесь. Единственные религиозные здания в этой стране – мечети. Полиция следит за временем окончания работы по пятницам, чтобы все имели возможность участвовать в молитве.

Коран не упоминает ни одну из таких религий как индуизм, буддизм и синтоизм, получивших широкое распространение в сегодняшнем мире. Мухаммед никогда напрямую не противостоял им. Но его отношение к прозелитизму среди населения Аравии – в его родной местности – может быть взято в качестве примера того, что бы он мог сказать о них.

Обратив внимание на вышеописанные убеждения в том, что однажды ислам станет религией всего мира и все народы должны склониться под владычество Аллаха, не приходится удивляться негативному отношению к другим религиям. Они либо должны сами вымереть, либо быть уничтожены во время продвижения ислама по нашей планете.

Вышеуказанные заявления приводят к нетолерантности по отношению к другим, а то и в открытых действиях против них. Коран используется, чтобы поставить неверных (неверующих) перед суровым выбором: обратиться или умереть, подчиниться или погибнуть. Католическая инквизиция имеет своё подобие в истории мусульманства.

Однако отношение ислама к иудаизму и христианству находится в другой категории, поэтому должно рассматриваться отдельно. У Мухаммеда были прямые контакты как с иудеями и христианами, так и с синагогами и церквями. Он уважал и тех, и других в немалой степени, потому что они предшествовали ему, поддерживая монотеистические взгляды в политеистическом обществе. Такой взгляд происходит из того, что и иудеи, и христиане являются «людьми Книги», Священного Писания, переданного плеядой Божьих посланников, которых Мухаммед признавал как истинных «пророков» (хотя и считал, что их послания, записанные в Ветхом и Новом Заветах, были сильно искажены).

Благожелательное отношение к ним просматривается в более ранних прочтениях (или сурах) Корана (читателя сбивает с толку то, что они помещены в более поздней части Корана.) Они берут своё начало в те дни, когда пророк Мухаммед и его последователи молились, повернувшись в направлении Иерусалима, а суббота считалась святым днём. Однако иудеи не признали его своим последним пророком, а христиане – своим последним апостолом, фактически отказавшись включить его откровения в свои Священные Писания. Тональность его высказываний меняется в более поздних сурах (читателя сбивает с толку то, что они помещены в более ранней части Корана.) Самой высшей точки достигают заповеди не заводить дружбу ни с иудеями, ни с христианами. Начинаются атаки на еврейские поселения, а преследования христиан продолжаются и по сей день. По всей Аравии нет ни одной синагоги и ни одной церкви.

Однако для евреев и христиан существуют некоторые уступки, вероятно, из-за давнишней симпатии к их монотеизму. Выбор, предоставленный неверным язычникам «обратись или умри», в их случае несколько видоизменён и допускает третий вариант. При условии, что они согласны жить по законам шариата, в отношении их личной веры может быть проявлена некоторая толерантность. Но у них не будет полноценных гражданских прав. Классифицируемые как имеющие статус *дхимми* (немусульмане, живущие в мусульманской стране), они навсегда низведены до уровня второсортных граждан. В дополнение к этому они облагаются специальным налогом, который практически ничем не отличается от протекционистского рэкета. Время от времени они должны носить особую одежду (чаще всего желтого цвета), отличающую их от всех остальных граждан, что является публичным унижением. Любая пропаганда их веры строжайше запрещена.

Таковы результаты этой «тоталитарной» религии. Но у нас всё ещё остаётся открытым вопрос: «Все ли мусульмане имеют одинаковые убеждения относительно этих правил, и все ли соблюдают их?» Разве не существует многообразия во взглядах и отношении к установлениям, особенно в виду различий между теми, кто живёт в исламских странах, и теми, кто составляет меньшинство среди народов Западных стран? Разве мы не слышим противоречивые заявления, особенно в свете событий 11 сентября? Кому же нам верить? Каков же «истинный» (т. е. реальный) ислам? К этой дилемме мы сейчас и обратимся.

5

Многообразие ислама

Каждая религия практически неизбежно развивает внутри себя разнообразные верования и манеру поведения. Это происходит, потому что она практикуется и распространяется людьми, способными совершать самые разнообразные ошибки. К стандартам, лежащим в основании, чаще всего записанным в священных писаниях, будут добавлены многочисленные традиции, которые, в свою очередь, приведут к различию в толковании и применении первоначального «откровения», что в итоге приведет к несогласиям и разделениям.

Всё это уже произошло с христианством. Для простоты анализа ситуации назовём три вида подразделений: структура, направление и сила убеждений.

СТРУКТУРА

Этот вид деления наиболее очевиден и фокусируется на вопросе лояльности к руководству. Большинство людей знает о существовании различных «деноминаций». По существу, это слово не имеет никакого значения, кроме ярлыка, служащего для отделения одной христианской группы от другой, однако очень быстро к имени добавляются многочисленные структуры, центральные руководящие органы, печатные издания, уполномоченные собрания, иерархии священнослужителей и корпоративные финансы.

Хотя в истории христианства «региональные» церкви появились достаточно рано (Коптская, Сирийская, Эфиопская и др.), первое большое разделение произошло в 1054 году. При этом церковь разделилась на Восточную православную и Западную католическую. Мнимым предлогом послужило несогласие в одном незначительном выражении из Символа веры, настоящая же причина находилась в области политики, а не богословия – кто должен решать, во что будут верить христиане: старая столица Рим или новая столица Константинополь (позднее городу было возвращено его первоначальное название Византий). Следующее большое разделение произошло пять столетий спустя между католиками и протестантами. Последние продолжают своё деление до сих пор, разделяясь на мириады больших и маленьких собраний. Похоже, что вопросы единства и несогласия тесно связаны с вопросом, кто будет главным. У католиков – один Папа Римский, у православных – несколько патриархов (греческий, русский и др.), а протестанты следуют за множеством проповедников и пасторов – причём, иногда склоняются к организации церквей вокруг служения одного человека.

НАПРАВЛЕНИЕ

Описанные выше деления часто фокусируются на различной практике пиетизма. Разнообразные направления пересекают границы деноминационных разделений, создавая подобие разноцветной материи в клеточку (шотландцы меня поймут!). Здесь уместно привести три примера.

«Сакраментальное» направление, иногда называемое «высокая церковь», особо подчёркивает «святое причастие» или «мессу», считая её центральным актом христианского поклонения, сопровождаемого алтарями, священниками, одетыми в ризы, и каждениями. Это более напоминает Ветхозаветное храмовое служение, чем Новозаветное служение по типу синагоги.

«Евангельское направление», иногда называемое «всеобъемлющая церковь», больше подчеркивает «служение Слова», чем священнодействие, так как отдает предпочтение чтению и проповеди Библии.

«Харизматический» или «пятидесятнический» поток проводит менее формальное и более спонтанное поклонение, считая, что это позволит Духу Святому проявить большую инициативу, делает большее ударение на дарах, которые могут быть использованы всеми, а не только священниками и пасторами.

СИЛА УБЕЖДЕНИЙ

Это – вопрос подчинения первоначальным стандартам – особенно, записанным в Священном Писании. Обобщая (очень сильно), можно выделить три «уровня», хотя бывает, что они плавно перетекают друг в друга.

Многие являются «номинальными» христианами. Недавнее исследование, проведенное в Великобритании, показало, что 74 процента, т.е. три четверти населения, утверждают, что они – христиане. Эти данные стоит принять с большой осторожностью и даже с большим сомнением. Для многих это всего лишь способ сказать, что они не относят себя ни к мусульманам, ни к индуистам, ни к буддистам. Для других – это та церковь, в которую они больше не ходят, чем ходят, разве что для соблюдения некоторых ритуалов, связанных с рождением, браком и смертью (похоже на газетную колонку с частными объявлениями «Крестины, браки и кончины»!). Некоторые добавят к этому списку и время достижения совершеннолетия (конфирмация – обряд приобщения подростков к церкви). Другие отдают дань особым христианским праздникам, таким как Рождество и Пасха. Вероятно, большинство опрошенных не имеют личных взаимоотношений с Триединым Богом, но, обобщая, оценивают христианство как религию, порядочную по отношению к самой себе и толерантную по отношению к другим. Для таких людей христианство в большей мере – часть культурного наследия прошлого.

Также существуют «либеральные» христиане, готовые подстроить свои стандарты вероисповедания и поведения к современным нравам общества. Значительная часть Библии оценивается ими как «научно необоснованная» и должна, по их мнению, приниматься не буквально, а как миф, лишь частично содержащий истину, или даже как выдуманная история, содержащая некоторую моральную и духовную, но не исторически правдивую истину. Этические стандарты Библии считаются «зависящими от конкретной культуры» и могут быть произвольно принимаемыми или непринимаемыми в зависимости от необходимости. Учение о «Царстве Божьем» интерпретируется как социально-политическая программа.

Есть и «консервативные» христиане, которые считают, что Библию нужно принимать со всей серьезностью, и всё её содержание понимается буквально, поскольку верят, что авторы вкладывали буквальный смысл в свои слова. Для таких христиан Писание – наивысший авторитетный критерий во всех вопросах вероисповедания и поведения, и изменять его никто не имеет права. Их высмеивают за «фундаментализм» – слово, часто используемое другими людьми, но редко используемое ими самими. Оно стало почти синонимом слова «фанатик». В век релятивизма быть догматичным и утверждать о существовании неизменных ценностей и стандартов, применимых ко всем – это значит многих оскорбить.

Я начал эту главу с короткого описания разнообразных движений внутри христианства по двум причинам. Во-первых, чтобы напомнить христианам о том, какое пестрое свидетельство мы представляем людям, исповедующим другие религии, в это число включаются и мусульмане. Такое разделение особенно очевидно для тех, кто находится в Иерусалиме. Во-вторых, по важности с точки зрения ислама, – в святом городе. Оно вызывает ненужное поношение на Евангелие. Разделения не совместимы ни с желаниями Иисуса Христа, ни с Его молитвой о верующих (Иоанна 17:20-23). Всевозрастающее чувство вины из-за этого вопроса побудило более либеральные церкви сформировать в 1948 году Всемирный совет церквей. Будто иллюстрируя вышеописанное, более консервативные церкви сформировали конкурирующий с ним Интернациональный совет христианских церквей в том же самом году! Однако сегодня между ними намного больше сотрудничества, особенно на уровне простых людей.

Апологеты ислама незамедлительно указали на множество существующих разделений как на симптомы слабости нашей веры. В противовес они организовали Вселенское Братство (*имам*) для всех тех, кто принял ислам. На первый взгляд, они обладают вескими аргументами.

В поклонении, совершаемом во всех мечетях, очевидно единство и даже однообразие, частично достигаемое за счет использования арабского языка, стандартизированного ритуала и поз.

Однако ислам не представляет собой однородного и монолитного единства. Он не имеет центрального руководства, контролирующего все мусульманство по всему миру. Мекка является только центром поклонения и паломничества. Есть и значительное многообразие внутри мусульманства.

Поэтому вторая цель описания различий в христианстве, представленного мной в начале этой главы, состоит в том, чтобы указать на такие же расхождения внутри ислама, действительно существующие, но обычно остающиеся вне общественного внимания.

В исламе существует структурное различие, основанное на подчинении различным лидерам. Мухаммед не ожидал своей смерти, поэтому не подготовил себе приемника, и не указал, кто должен взять на себя функции руководителя всего мусульманского движения. Поскольку он был «последний пророк», то его приемники получили титул «халиф» (от арабского «заместитель», т.е. заместитель пророка Мухаммеда на земле). Практически неизбежно то, что сразу же возникли разделения во мнениях, на кого должна быть возложена эта ответственность: на одного из его ближайших сотрудников или на одного из его родственников. (Вожди арабских племён происходят из определенных семейных династий, это правило все ещё действует, и сегодня главы арабских государств принадлежат к ним, например, в Королевстве Саудовская Аравия и в Иорданском Хашимитском Королевстве).

Таким образом, появляются две главные «деноминации» внутри ислама – сунниты и шииты, и каждая из них развила собственные традиции. Между ними и до сего дня существует серьёзное противостояние, приводящее к жестокому применению силы и кровопролитиям. Ужасные войны, происходящие между Ираком (сунниты) и Ираном (единственная исламская страна, полностью придерживающаяся шиитского убеждения) – это первый пример тому, а гражданское противостояние внутри самого Ирака между Багдадской областью в центре страны (сунниты) и заболоченным югом вокруг провинции Басра (шииты) – второй яркий пример.

Существуют и маленькие группы исламистов, обычно объединенные вокруг определённой преемственности лидеров. Ага-ханство – одно из таковых.

Внутри крупных течений существуют и маленькие группы, также производящие разделения. Наиболее известная среди них – суфии. Недавно эта группа была названа «харизматическим крылом» ислама, поскольку ее поклонение проходит более живо, радостно и даже экстатично. Более точно эту группу можно описать как «мистическое крыло» ислама. На нее повлияло её происхождение из Восточных стран ислама, а также контакты с мистическими религиями мира. Их пиетизм ищет непосредственного общения с божеством и окончательного единения с божеством, в котором личное «я» поглощается тем (или теми), кому поклоняются. Исламская версия не удовлетворяется знаниями о божьей воле из прошлого, но ищет познания его самого в настоящем. Христианство способно предложить именно то, чего ищут суфии, однако, перед тем как смогут принять это, им необходимо перешагнуть через несколько достаточно сложных барьеров.

Есть в исламе и различия в силе убеждений, особенно в области подчинения их собственным писаниям. Существуют значительные различия между либеральным мусульманином, имеющим гибкое отношение к священной книге, и согласным согласовать своё толкование и применение с современным миром, и консервативным мусульманином со строжайшим отношением к священным писаниям, решительно настроенным на неуклонное исполнение их в своей жизни и в жизни других людей. И, конечно же, есть много и номинальных мусульман. Начнем с последних.

«Номинальные» мусульмане лишь видимым образом исполняют подобие своей религии. Делают это больше с целью отождествления себя с особенностями своей культуры, чем из-за богословских убеждений. Традиции в пище и одежде, посте и праздновании могут остаться, но в то же время другие традиции, требования, подобные обязанности становиться на молитву пять раз в день могут быть упущены. Запреты на употребление алкоголя и ростовщичество (предоставление денег взаймы под проценты) могут не исполняться, особенно в среде богатых. Нарастает и давление на молодое поколение со стороны их сверстников, уводящее их от заповедей, в которых они были воспитаны. Очевидно, что соотношение номинальных мусульман к консервативным будет выше в тех местах, где они представляют собой меньшинство в усиливающемся светском обществе.

Вышесказанное справедливо и в отношении «либеральных» мусульман, особенно в отношении тех, кто бежит из стран, контролируемых консерваторами, обязывающих к исполнению законов шариата, подобных Ирану и Афганистану. Законные и незаконные иммигранты, переселившиеся в Западный мир, приветствуют свободу, предоставляемую демократическими государствами, даже если эта свобода означает принятие необходимости практиковать свою религию только на личном и домашнем уровне, не предпринимая никаких попыток практиковать или пропагандировать её в обществе. Это влечет за собой радикальное изменение в толковании писаний ислама и обычно достигается за счёт замены буквального истолкования на метафорическое и аллегорическое. Так, понятие джихада ограничивается до внутренней духовной и индивидуальной борьбы, а военные действия исключаются. Частью либеральной пропаганды является описание ислама как мирной религии, невзирая на длительную историю его распространения именно путём военной агрессии (в связи с этим нужно напомнить, что мусульманам позволено обманывать «неверных»). Либеральные мусульмане более расположены к диалогу с представителями других вероисповеданий и к причислению себя к «сообществу верующих» для совместного противостояния безбожному обществу.

«Консервативные» мусульмане относятся к своим писаниям и традициям намного серьёзнее и буквальнее подходят к их толкованиям. Противники используют по отношению к ним эпитеты, такие как «экстремисты», «радикалы» и «фундаменталисты». Недавно один из них ответил на это, заявив, что все настоящие мусульмане являются фундаменталистами в том, что твердо держатся фундаментальных основ своей веры. Верность Корану означает посвятить себя видению ислама, состоящего в том, чтобы подчинить всех воле Аллаха, установив эту религию в качестве единственной религии всех народов. Переход к исповеданию только на личном уровне является опасным искажением веры. Физическое насилие – приемлемый метод защиты интересов и территории Аллаха и даже просто для нападения на его врагов.

Большой вопрос состоит в том, какая из этих трёх групп окажется наиболее влиятельной. Со времени нападения террористов 11 сентября 2001 года Западный мир (в основном, Европа и Северная Америка) борются с этой чрезвычайно важной дилеммой.

Президент США Джордж Буш и премьер-министр Великобритании Тони Блэр возложили своё упование на развитие либеральной части, имея в виду, по крайней мере, мусульман, живущих в западном обществе, и на упадок консервативного крыла мусульман, находящихся среди них. Однако существуют факторы, способные доказать, что такое предположение является несколько наивным.

Один из них – простые статистические данные. Ислам является наиболее растущей религией в Западных странах, так же, как и по всему миру. Это происходит из-за эмиграции, из-за обращения в эту религию, но более всего из-за того, что уровень рождаемости в среде мусульман намного выше, чем в семьях, придерживающихся других вероисповеданий. Поскольку в Израиле поддерживается демографический уровень, подобный другим странам, в обозримом будущем в этой стране будет меньше евреев, чем арабов в Палестине.

В условиях демократии при увеличении числа приверженцев увеличивается и власть. Политическое давление уже ощущается в Великобритании и на местном уровне, и на уровне всей страны. Законопроекты, предлагающие изъятие тех статей из законов Великобритании, которые противоречат правилам ислама, успешно вносятся и получают свою поддержку, в то время как политическая корректность положительно относится к дискриминации меньшинств. Примеры можно найти в самых разных областях жизни: во вступлении в наследство, в браках, в образовании и даже в ипотеке. После отмены некоторых статей закона происходит его изменение, чтобы привести законы страны в более полное соответствие с законами шариата.

«Лакмусовой бумагой» для испытания настоящих намерений ислама становится происходящее после того, как его последователи собирают большинство в какой-либо стране и имеют достаточное количество голосов избирателей для того, чтобы подчинить себе демократическую страну. Чтобы сделать определённые выводы в нашем мире, примеров уже достаточно. Для выживания плюрализма факты неутешительны. К примеру, Турция сразу после Первой мировой войны стала светской республикой, но недавние выборы обнаружили крен в сторону религиозного правого крыла. В Малайзии, бывшей ранее Британской колонией, существует хрупкий баланс между прозападными либералами и средневосточными консерваторами, поэтому эта страна может пойти как первым, так и вторым путём.

Сильные религиозные убеждения имеют тенденцию побеждать слабые. Принципы бескомпромиссности привлекают большее число приверженцев, особенно если они поддерживаются негативными эмоциями.

В этом смысле значительным фактором является широко распространённая ненависть к принципам политики Запада и презрение к его моральному разложению. И то, и другое считается принадлежащим «христианским» ценностям. Такое отношение наиболее озвучено в мусульманских странах Среднего Востока. Совсем нетрудно найти связь такого отношения с британской (и французской) оккупацией этих стран в первой половине двадцатого столетия. Кризис углубился из-за американского культурного империализма во второй половине того же столетия (автору приходилось бывать в арабских селениях, не имеющих водопроводной воды, но перенасыщенных поставками кока-колы!). Еще большей причиной для ненависти стало восстановление государства Израиль и его поддержка со стороны Америки, сделавшая возможным выживание Израиля, несмотря на множество конфликтов с окружающими его арабскими государствами. Всё это рассматривается как насильственный захват и вторжение западной демократии, и разложение в самом сердце мусульманских территорий. И то, и другое расценивается как грубое оскорбление Аллаха. Поэтому жестокий джихад выглядит морально оправданным, а современная *интифада* (восстание, мятеж) вряд ли закончится до тех пор, пока весь Иерусалим не будет завоёван и заново подчинён Аллаху, и до тех пор, пока имя «Израиль» не будет полностью стёрто с карты.

На основании вышесказанного, на наш взгляд, не представляется возможным отделение западного ислама от кризиса на Среднем Востоке. Этому кризису предречено широкое влияние на мусульман по всему миру. Он окажет негативное влияние на их ассимиляцию в западное общество.

Несмотря на то, что, без сомнения, на Западе живёт множество миролюбивых, законопослушных, трудолюбивых и свободолюбивых мусульман, нужно заметить, что всё это происходит за счёт того, что они менее чем послушны своей собственной религии. Если поставить вопрос ребром: могут ли они быть настолько развращены, чтобы ассимилироваться в наш релятивистский плюрализм, или, оказавшись перед крайним выбором, они почтут веру своих отцов выше уважения к стране, в которой живут?

Всё вышесказанное подразумевает, что у них есть свободный выбор между тщательным исполнением принципов ислама в своей жизни и изменением этих принципов в соответствии с культурой, превалирующей в конкретной местности. Здесь нужно задать вопрос, затрагивающий сам ислам. Мусульмане ли держатся ислама, или ислам удерживает их? Есть ли какая-то сила, кроме санкций за отступничество, внутри ислама, или стоящая за ним, приковывающая его последователей, невзирая на их волю? Приходится ли нам иметь дело не только с естественными факторами, но и со сверхъестественной силой, в то время как мы рассуждаем о существующих тенденциях?

Ответ на эти вопросы находится в изучении источника происхождения ислама.

6

Источники ислама

Все религии имеют свои источники. Любое выражение религии имеет своё географическое и историческое начало. Происхождение ислама обсуждалось в главе 1. В данной главе мы исследуем его духовный источник, проведя исследование за пределами временных и пространственных характеристик. Откуда ислам берет свою духовную силу и власть?

Как и в отношении любого другого религиозного феномена, существуют три возможных ответа. Первый – это «естественное» происхождение, объяснение чрезвычайно популярное в век научного гуманизма и релятивизма. Религия – это человеческое изобретение, плод нашего воображения и наша реакция на вселенную, в которой мы живём. Силы «природы» настолько превосходят наши человеческие, что мы воплощаем наше представление о них в «богов», а затем пытаемся манипулировать ими для собственной пользы путём изобретения способов для их умилостивления. Такие старания обречены на постепенное уменьшение, так как наука шаг за шагом снимает завесу таинства с происходящего на нашей планете и даёт нам все больше и больше возможностей управления силами природы. При этом анимизм становится первой жертвой.

Альтернативой первому объяснению является «сверхъестественное» объяснение, утверждающее существование сил и личностей за пределами естественной части Вселенной, и потому находящихся вне пределов возможностей научных исследований. Любые знания об этих силах возможны лишь в том случае, если они сами дадут откровение о самих себе таким способом, как мы будем способны его воспринять. Представители иудаизма, христианства и ислама утверждают, что такие откровения были получены и записаны их основателями, благодаря чему мы имеем их Священные Писания.

Однако существуют и определенные трудности в таком понимании. Все три вышеперечисленные религии верят в существование сверхъестественных существ, которые, как минимум, превосходят человека и находятся под контролем Бога, хотя и имеют некоторую степень свободы выбора, подобно нам. Некоторые из этих личностей – добрые (ангелы, руководимые архангелами), другие – злые (демоны, руководимые дьяволом). Они обладают силой и умственными способностями, превосходящими наши, и могут иметь временное, но огромной силы влияние на человека, его действия и происходящее с ним.

На основании вышесказанного и существует три возможных источника любой религии: божественное вдохновение, человеческие представления и сатанинское искажение истины. Из какого источника происходит ислам? Можно защищать теории о происхождении из первого, второго, третьего источника, и даже посчитать его смесью двух из них, но не трёх, так как Бог и сатана вряд ли станут сотрудничать в каком-либо деле!

БОЖЕСТВЕННОЕ ВДОХНОВЕНИЕ?

Каждый мусульманин убеждён, что Коран, на котором основано мусульманство, является откровением Аллаха, единственного бога Мухаммеду, его посланнику.

Более того, это откровение было продиктовано слово в слово и полностью совпадает с документом, который до этого уже был записан в небесах. Как только каждая из его частей была получена пророком Мухаммедом (это происходило в течение трех десятилетий), он запоминал его наизусть и цитировал своим последователям, которые записывали услышанное на подручных материалах. Позднее записи были собраны, утверждены и выпущены сборником, который считают окончательным наиболее полным и безошибочным Словом Божьим.

Существуют различные вариации происхождения самого Корана, касающиеся вопроса, как именно он был открыт самому Мухаммеду: от самого Аллаха, явившегося в виде человека, до ангела Гавриила, говорившего от его имени. Вторая версия получила наибольшее распространение. Существуют и различия между ранними собраниями «рассказов» Мухаммеда, но они были уничтожены после того, как была принята официальная версия Корана.

Поскольку эти откровения были даны на арабском языке, их должно хранить и читать именно на нём. Переводы на другие языки являются просто перифразами и к ним нельзя относиться так же, как к самому Корану. Только текст оригинала является боговдохновенным и окончательным Словом Божьим, обращенным к человечеству, исправляющим и завершающим все предыдущие откровения, посланные через его пророков.

Таковы утверждения, составляющие суть ислама. На каких же основаниях они принимаются многими людьми? В действительности для их подтверждения приводится очень мало доказательств. Апологеты мусульманства указывают на прекрасную прозу и поэзию, которая не могла бы произойти от собственных размышлений необразованного человека. Другие просто утверждают, что эти слова не могли бы так сильно убедить настолько великое число людей, представляющих самые разные культуры и страны, если бы за ними не стоял Бог.

На практике получается, что вышеуказанные утверждения широко принимаются актом веры, а не вескими исследованиями разума. Доказательства, приводимые исламом, зациклены на самих себе. Коран говорит, что Мухаммед – пророк Божий, а он говорил, что это – слово Бога. Оба доказательства подтверждают друг друга, поэтому человек либо верит в оба утверждения сразу, либо отвергает их. Весьма заметным фактом является отсутствие независимого подтверждения или объективных доказательств. В Коране немного содержания, которое можно проверить в свете внешних критериев.

Однако существует серьезная причина для того, чтобы поставить вышеописанное утверждение ислама под вопрос. Существование Корана – это факт, который нужно принять, но нужно признать и существование Библии, которая также заявляет о себе, что является полным и окончательным Божьим откровением не только Его воли по отношению к нам, но и Его откровением о Самом Себе.

Следующая мысль предельно ясна. Библия и Коран одновременно не могут быть Словом Божьим. Между ними так много противоречий, что приходится делать выбор в пользу одной из них. Конечно, возможно, они обе ошибочны, и в таком случае ни одна из них не является Словом Божьим. Но обе они не могут быть одновременно истинным откровением одного и того же Бога. Принять одну из них – означает отвергнуть другую.

Некоторые из бесчисленных расхождений между этими книгами представляют собой относительно небольшое несогласие в описании исторических деталей. Коран говорит, что Бог сотворил мир за восемь дней; один из сыновей Ноя не захотел заходить в ковчег и утонул; Авраам жил в Мекке и восстановил *Каабу,* построенную Адамом, и у него было только два сына, а не восемь; Моисей был усыновлён женой фараона, он был свидетелем потопа, видел распятие и т.п. Среди следующих расхождений множество анахронизмов: Нимрод и Авраам, были современниками, так же, как Аман и Моисей; Мария, мать Иисуса Христа, была сестрой Моисея и Аарона (Мариамь по-еврейски означает Мария).

Намного более серьёзными представляются противоречия в описании Христа. Коран принимает учение о Его непорочном рождении (т.е. зачатии), но отвергает Его существование до этого момента; принимает то, что Он обладал силой совершать чудеса и был безгрешен, но отвергает Его заявления о том, что Он – единственный Сын Божий. Коран отвергает Его распятие, а значит и Его воскресение из мертвых, но принимает учение о Его восхищении и пришествии. Более того, Иса, как мусульмане называют Христа, был всего лишь одним из Божьих апостолов, пришедшим до Мухаммеда и ниже последнего по рангу.

Кроме вышеописанных, существуют фундаментальные расхождения касательно природы Самого Бога, является ли Он одной единой Личностью или тремя Личностями в одном. Хотя слово «Троица» и не находится в Новом Завете, многочисленные факты, доказывающие истинность этого понятия, наполняют его (включая применение слова «Бог» к человеку Иисусу Христу). Даже с учётом ошибочного представления Мухаммеда о том, что эти трое: Отец, Мать и Иисус (вероятно, эта идея была воспринята на основании того, что Сирийская церковь называла Марию «Матерь Божья» и вывешивала картины с её изображением рядом с изображениями Иисуса Христа), всё же, его слова осуждали любое множество, касающееся Бога, как богохульный политеизм. Больше информации на эту тему будет представлено в последующих главах.

Подводя итог вышесказанному, мы обнаруживаем большие различия между Кораном и Библией, достаточно процитировать лишь ангела Гавриила, слова которого записаны в этих книгах. Он говорит Марии, что её Сын будет назван Сыном Бога Всевышнего (Луки 1:32), но он же сказал Мухаммеду: «У славы (Аллаха) и не было мысли о том, чтобы иметь сына». Очевидно, что Гавриил мог сказать что-то одно, но никак не оба из этих утверждений.

Мусульмане знают о существовании этих различий. Поэтому они утверждают, что их Писания истинны и обвиняют евреев и христиан в искажении своих Писаний и добавлении к ним лжи. При этом они не указывают ни то, когда это произошло, ни кто в этом виновен, ни как эти искажения проникли. Ранние манускрипты Нового Завета демонстрируют необоснованность таких обвинений.

Позднее мы рассмотрим значительные доказательства, подчеркивающие надежность еврейских и христианских Писаний, составляющих Библию. В этом месте мы обращаем внимание на то, что христиане, верующие в то, что Библия – это истинное откровение, данное Богом, должны отвергнуть идею о том, что Мухаммед и Коран получили богодухновенность, и рассмотреть оставшиеся два из возможных источников.

ЧЕЛОВЕЧЕСКИЕ ПРЕДСТАВЛЕНИЯ?

Мусульмане обижаются, когда их религию называют мухаммедизм. Подобно многим христианским конфессиям (лютеранство, кальвинизм, уэслианство), это имя означает «следование учению конкретного человека». Считается, что Мухаммед не имел личного влияния на содержание Корана. Будучи «посланником», он просто повторил то, что ему было продиктовано.

Тем не менее, можно обнаружить достаточно доказательств человеческого влияния, сознательного или несознательного. Общеизвестным является факт, что эти откровения даны на арабском языке даже со следами диалекта, распространенного в Мекке. Очевидно влияние и других источников, которые могли быть собраны во время путешествий. Некоторые из них – арабские легенды: верблюдица стала пророком, семь мужчин и их животные спали в пещере 309 лет. Другая информация взята из «гностических» лжеевангелий: Иисус, будучи Младенцем, сделал птичек из глины, и они ожили. Установления молиться пять раз в день и поститься часть дня в течение месяца взяты из савойских ритуалов. Встречаются и заимствования из зороастризма и индуизма.

Присутствуют «ошибки» при цитировании историй, записанных в Библии (мы уже упоминали некоторые расхождения). Они объяснимы тем, что еврейские и христианские Писания не были переведены на арабский язык, и Мухаммед не мог бы их прочитать. Его ошибочное восприятие Троицы как состоящей из Отца, Матери Марии и Сына Иисуса объясняются тем, что он мог видеть, а не тем, что он мог услышать во время христианских служений.

Заметны значительные изменения в содержании учения между ранними сурами (они короче и записаны в конце Корана) и последними (они длиннее и вставлены ранее). К примеру, изменение в направлении молитвы от Иерусалима в сторону Мекки и смещение субботнего дня молитвы на пятницу – эти изменения соответствуют времени разрыва с еврейским народом.

Присутствуют послабления правил для одного Мухаммеда: разрешение иметь больше четырёх жен (лимит, установленный для всех остальных мусульман) и забрать себе жену усыновлённого им сына после необходимого для этого развода.

ИСТОЧНИКИ ИСЛАМА

Существуют и многие другие указания на человеческое авторство и, фактически, на ошибочность материала. Тем не менее, эта книга – впечатляющий сборник. Если у Корана только человеческий источник, тогда перед нами – труд гения, который посредством этого труда смог повернуть целый народ от политеистического идолопоклонства к простоте монотеизма и воюющие племена – к единству в мире. Вне всякого сомнения, всё это является значительным достижением и, как минимум, указывает на то, что Мухаммед был выдающимся человеком, и его влияние на историю недооценивать нельзя.

Некоторые христиане, веря в то, что Библия является истинным Словом Божьим, тем не менее, находят некоторую степень богодухновенности и в Коране вместе с человеческими представлениями. Они рассматривают его как информацию, взятую из различных источников, содержащих как истину, так и ошибки. Критерий для определения весьма прост. То, что согласуется с Библией – доносит истину от Бога; то, что находится в несогласии с ней – является человеческими вымыслами. Некоторые из христиан, держащиеся такого взгляда, приписывают части Корана содержащую истину к «общему откровению», утверждая, что непрямое и инстинктивное ощущение Бога присуще всему человечеству. Другие утверждают, что Мухаммеду в некоторой степени непосредственно было дано «особое откровение». В обоих случаях они основывают свои выводы на сходстве Библии с Кораном, при этом умаляя различия, будучи мотивируемы желанием найти точки соприкосновения между христианами и мусульманами в качестве вступления к евангелизации. Они подчеркивают, что обе книги учат о «Боге, Творце и Судье», о многомилостивом и сострадательном «Едином» Боге. То, что эти писания имеют много общего, отвергнуть невозможно, но мы не имеем права недооценивать и множество глубоких противоречий, существующих между ними.

Существует, однако, и другое объяснение «истине», содержащейся в Коране, и над этим объяснением христианам стоит поразмыслить.

САТАНИНСКАЯ ПОДДЕЛКА

Этот вариант приходит на ум, когда становится очевидной неадекватность «естественного» объяснения. Удивительное влияние (я уже было написал «странное влияние»), которое ислам произвёл на более чем миллиард человек, живущих сегодня, не говоря уже о миллионах, живших в течение последних четырнадцати столетий, указывают на силу и власть большую, чем мог бы обладать один человек, давно умерший. Поэтому не так трудно заметить «неземную силу», стоящую за этим движением.

Необычным является уже физическое состояние, в котором находился Мухаммед в то время, когда получал свои откровения. Оно не было похоже ни на транс, ни на припадок. Когда это произошло в первый раз, он подумал, что злые духи (джинны) возобладали им, но бывшая жена убедила его, что это было от Бога.

Мы знаем, что за языческим поклонением идолам стоят бесы (1 Коринфянам 10:20). Несмотря на то, что Мухаммед уничтожил все 360 идолов в Мекке, он оставил некоторые атрибуты, ассоциировавшиеся с ними, такие как здание *Ка'аба* (Куб), и находящийся в нём священный чёрный камень. Камень, вероятно, являющийся метеоритом, почитается до сих пор. Имя Аллах произошло из этого пантеона богов и имя его отца – Абдулла – (слуга Аллаха) подтверждает эту мысль. В одно время он, по всей видимости, склонялся к политеизму Мекки, включив в свои рассказы откровение о трёх дочерях Луны, бога мужского пола, и Солнца, бога женского пола. Две из них имели имена, происходящие от имени Аллах. Позднее он покаялся в этом, признав, что дьявол (шайтан) обманул его, и эти откровения были исключены из окончательной версии Корана (речь идёт о «сатанинских стихах», к которым привлёк внимание писатель Салман Рушди, получив смертный приговор за своё богохульство).

Но ничто из вышеперечисленного не доказывает демоническое вмешательство. Однако существуют три фактора, которые указывают на это. Обозначим их тремя словами: обман, отвлечение (внимания) и разрушение (уничтожение).

ОБМАН

Дьявол – мастер такого вида маскировки. Наивные карикатуры, изображающие его с рогами и раздвоенным хвостом, одетым в черное с головы до ног, – это полнейшая выдумка. Если бы он хоть однажды явился в таком виде, его бы сразу же опознали и дали отпор! Он подошел к Адаму и Еве в виде животного (возможно, ещё не в виде ползающей змеи, а в виде ящерицы, имевшей ноги). Он обратился к Иисусу через Петра, который был одним из Его самых лучших друзей (Матфея 16:23). Павел указывает на то, что «... сам сатана принимает вид Ангела света» (2 Коринфянам 11:14). Он с легкостью мог бы изобразить и ангела Гавриила.

Самым же главным методом его искажений является смешение истины с ложью. Хотя люди могут поверить и прямой лжи, всё же, обнаружить её достаточно легко. Наиболее опасна полуправда, так как в ней находится и часть истины. Он никогда не сообщит нам всей правды, и не будет говорить только истину. От самого начала, от Эдемского сада, дьявол искусно смешивает истину с ложью, чтобы сбить с толку и установить контроль над своими жертвами (Бытие 3:4-5). Искушая Иисуса Христа, он даже цитировал слова из Писаний, данных Богом, вырывая их из контекста (Матфея 4:6). Дьявол, будучи вначале с Богом, узнал истину и, являясь намного более умным существом, чем любой человек, может манипулировать истиной для своей собственной выгоды.

Всё это объясняет смесь согласия Корана с библейской истиной с одновременным её отвержением. Бог – един, но не триедин. Иисус Христос был человеком, но не был Богом. Он родился от девы, но не умер на кресте. Он сделал много чудес, но не воскрес из мёртвых. Библия является откровением, но ей доверять нельзя. Евреи и христиане – люди книги, но не Божьи люди.

Практическое применение всего вышесказанного подводит нас ко второй характеристике дьявольских методов.

ОТВЛЕЧЕНИЕ ВНИМАНИЯ

Он умело отвлекает внимание своих жертв от жизненно важных истин, и они часто этого даже и не замечают. Вновь мы видим это во время его первой встречи с Евой. Лишь немного преувеличив сказанное Богом, он побудил ее посмотреть на то, что Бог запретил: заметить привлекательность единственного запретного плода и отвлечь её от множества деревьев, плоды которых Бог дал ей для наслаждения.

Ислам преуспел в отвлечении интереса от Бога, открывшегося в Библии, и привлечения внимания к Аллаху, описанному в Коране, от Иисуса Христа – к Мухаммеду, от спасения по вере – к спасению по делам. Общее впечатление таково, что ислам преуспел в изображении христианства и его предшественника иудаизма как чего-то старомодного и устаревшего. Очень похоже на блестящую тактику, направленную на отвлечение внимания. Но эта тактика обладает и разрушительной силой.

ИСТОЧНИКИ ИСЛАМА

РАЗРУШЕНИЕ И УНИЧТОЖЕНИЕ

Дьявол не способен создать что-либо из ничего, как это сделал Бог. Его обида затихает, когда он получает наслаждение от разрушения того, что Бог создал. Губитель – это один из его титулов.

Выше мы уже указывали на подрыв библейской религии путём обвинения её в несовременности. Ислам направлен на ещё более разрушительные действия. Со времён Мухаммеда иудеев и христиан убивают во имя Аллаха. Сегодня, в двадцать первом столетии, большинство убийств христиан происходит в мусульманских странах, таких как Индонезия, Судан и Нигерия. Западная культура, часто ассоциируемая мусульманами как «христианская» (хотя бы по названию, если не по сути) – ненавидима и презираема.

Фактом является то, что жестокость и терроризм часто ассоциируются с исламскими странами и группами. Коран *может* быть истолкован в свете его одобрения мученичества и даже убийств неверных. Фактически те, кто совершает акт жестокости, вероятно, относятся к своей вере более серьёзно, чем обычные мусульмане, желающие жить в западном обществе, и потому беспокоятся о том, чтобы рекламировать образ мирной и неагрессивной версии своей религии.

Намерения очень просты: мусульмане ожидают, что все остальные религии исчезнут, уступив место их собственной. Неважно, как это будет достигнуто: эволюционным или революционным путём, но это желание отбрасывает тень смерти на иудео-христианскую веру, почерпнутую из Библии.

Мы рассмотрели три возможных источника, откуда ислам и его основные писания – Коран – могли произойти. Мы также обосновали ответ на вопрос, почему христианин, верующий в то, что Библия является самым истинным Словом Божьим, склонен выбирать одно или два из возможных вариантов. Читатели, разделяющие мнение, что существует и другая сверхъестественная сила, отличающаяся от Бога, должны серьезно обдумать выводы, следующие за таким исследованием.

Первый вывод состоит в том, что мусульмане не являются нашими врагами. Не следует также считать врагом сам ислам. Первой необходимостью в любом противостоянии является четкое определение противоположных сил и их возможностей. В данном случае христианам необходимо напоминание от апостола Павла: «Наша брань не против крови и плоти, но против начальств, против властей, против мироправителей тьмы века сего, против духов злобы поднебесной» (Ефесянам 6:12).

Второй вывод: поскольку эти начальства, власти и мироправители являются духовными, а не физическими силами, «плотские» войны и орудия являются самыми худшими способами борьбы с ними. Военные Крестовые походы в прошлом принесли больше вреда, чем пользы для защиты христианства. Применительно к современной ситуации не стоит пытаться заблокировать строительство мечетей с помощью юридического аппарата, за исключением случаев, когда существующие законы, защищающие благосостояние общества, могут быть серьёзным образом нарушены. По подобным причинам лучше упразднить законы о богохульстве и рассматривать его как грех против Бога, а не как преступление против общества. Если христиане пытаются наложить стандарты их веры на людей неверующих, то это означает, что они очень близко подошли к опасной ситуации, которую мы описали как одну из отличительных черт ислама, – к попытке установить теократию. Христос этого христианам не поручал.

Третий вывод. Мусульмане нуждаются в освобождении от кабалы, которую их религия может налагать на них.

Иисус Христос пришел, чтобы освободить пленников, продемонстрировав это изгнанием демонов, выражением сострадания к притесняемым и провозглашением истины, которая должна освободить нас от уз нашего «я», греха и сатаны. Мусульмане нуждаются в освобождении так же, как когда-то в этом нуждались те, кто сегодня являются христианами. Бог сегодня занят тем, что раздаёт незаслуженную милость Своим врагам (Римлянам 5:8-10). Христиане призваны отображать великодушие Христа перед лицом всякого враждебного акта, направленного против них (Матфея 5:44-48 и Римлянам 12:14-21).

Мы уже коснулись вопроса о том, как необходимо ответить христианам на вызов, брошенный исламом. Ответ на этот вопрос займёт всю вторую часть этой книги.

Часть II

ОТВЕТ ХРИСТИАНСТВА

7

Откровение?

Моё собственное предчувствие относительно завоевания Британии исламом уже стало публично выраженным предсказанием, поэтому требует обсуждения относительно того, является ли оно «пророчеством» (т.е. божественным откровением) или нет. Откуда оно пришло?

Для меня совершенно очевидно следующее: никто из людей не говорил мне об этом. Я должен взять на себя полную ответственность за то, что говорю, и даже принять осуждение в случае, если это будет необходимо. Итак, родилась ли эта мысль лишь в моём собственном разуме?

Эта мысль не родилась осознанно, поскольку не стала результатом аналитической оценки современных течений или длительных размышлений. Она пришла ко мне мгновенно, став сюрпризом как для меня, так и для других. Некоторые говорили, что разделяют мои опасения, но не согласны с моим «выводом». Однако я не могу назвать эту мысль выводом, сделанным на основании имевшихся у меня фактов. Напротив, она сама стала началом и основой моих последующих исследований.

Что можно сказать о моём подсознании? Ассистент секретаря баптистского Союза Англии заявила, что я переживаю кризис осознания собственной идентичности, вероятно, имея в виду, что мне нужно сделать какое-то сенсационное заявление с целью утверждения в глазах общества. Она могла не знать о распространении моих аудиокассет, книг и видеозаписей по всему миру, а также о радио- и телепередачах с моим участием. У меня нет ни нужды, ни желания большей известности. Другие предположили, что у меня появился патологический пессимизм, приравниваемый к желанию умереть или к желанию быть человеком, вызывающим споры. У меня действительно есть желание побудить людей обдумать свою собственную жизнь и тщательно пересмотреть лелеемые традиции, но я не могу наслаждаться подозрениями и изоляцией, которые иногда появляются в результате таких размышлений.

Итак, если не я и никто другой не является автором этой мысли, то у нас осталось лишь два варианта – демоническое или божественное влияние. Мы знаем, что сатана – это разрушитель, особенно в области взаимоотношений людей друг с другом и с их Создателем, он углубляет трещины и разлад, где только может. Однако он настолько же противостоит истине, как и единству, и, как мы уже заметили, является специалистом по обману. Могу лишь заметить, что я послал свои размышления христианским лидерам, обладающим способностями различать истину, и ни один из них не заподозрил сатанинского влияния. Наибольшее, в чем я был обвинён – это в неправильном размышлении.

Итак, почему я считаю, что получил пророческое предсказание от Господа? Одна из причин состоит в том, что оно пришло ко мне полностью неожиданно и весьма неприятно мне самому. Это плохая, а не Благая Весть. Я думал о том, как моим детям и внукам придётся жить в такой обстановке. Я настолько не хотел принимать эту весть, что во время записи в студии произнёс: «Надеюсь, что я ошибаюсь. Надеюсь, что это лжепророчество». Однако это говорил не мой дух, а моя плоть.

Другим указанием на истинность пророчества является то, что оно пришло таким же образом и с такой же силой, как и другие указания относительно будущего. Некоторые из таких указаний имели большое значение в области политики и позднее получили своё воплощение, и тем самым подтверждение того, что были вдохновлены Господом. Одно из них состояло в том, что Маргарет Тэтчер станет премьер-министром Британии. Поэтому я первым поздравил её (это было задолго до выборов) и сообщил ей о двух приоритетах, которых Господь желает, чтобы она придерживалась. Одно из них премьер упомянула во время своей первой пресс-конференции, когда поселялась на Даунинг-стрит (*Downing Street*) №10 и заявила о своих намерениях исполнить его. Второе – в течение первого месяца своего нахождения у власти. Чтобы никто из читателей не подумал, что Бог мыслит так же, как тори правого крыла, позвольте добавить, что подобным образом я возвестил в австралийских церквях о том, что лидер профсоюзов Боб Хок (Хок Bob Hawke) был избран Богом, чтобы быть их следующим премьер-министром. На возгласы «Как вы смеете упоминать в церкви имя этого выпивохи и бабника?» я отвечал: «Писание повелевает нам молиться о властях. Если вы начнете делать это уже сейчас, он может стать намного лучшим человеком, чем вы думаете». Именно так с ним и произошло. Я научился доверять своему духу, когда приходят неожиданные предупреждения, подобные этим, но не стану утверждать, что прав каждый раз, когда это происходит.

Безусловно, окончательной проверкой любого пророческого предсказания является его исполнение. Моисей ясно сказал об этом, когда предупреждал израильтян, чтобы они не боялись пророков, которые говорят высокомерно, и тех, чьи пророчества не исполняются (текст из Второзакония 18:20-22 заставляет бояться меня самого!). Но измерение временем не всегда может помочь нам. К тому времени, когда предсказанное произойдёт или не произойдёт, уже будет поздно делать что-либо, а в этом-то и состоит смысл пророчества!

Есть и более быстрый способ проверки. Пророчество должно быть «оценено» (принято или отвержено) другими людьми, а не самим пророком. По этой причине в течение нескольких недель я рассылал свою весть различным христианским руководителям по всей стране. Я не всегда заявлял о своих словах как о «пророчестве», но часто говорил как о своих убеждениях, имея в виду две крайности в отношении к этому слову. С одной стороны, многие христиане не верят, что Бог сегодня посылает такие пророчества, считая, что Он говорит только через завершенный канон Священного Писания. С другой стороны, существуют христиане, которые не станут проверять всякого, кто скажет: «Так говорит Господь», поскольку боятся согрешить против Духа Святого.

Как и можно было ожидать, реакция на моё предупреждение относительно завоевания Британии исламом была весьма разнообразной. Высказывания варьировались от «невозможно даже представить такое», «это невозможно», «невероятно» до «возможно», «вполне вероятно» и «неизбежно». Многие заметили, что это *может* произойти. Здесь мнения варьируются от «маловероятно» до «скорее всего». Более всего удивляет количество тех, кто согласен с тем, что это *произойдёт*, поскольку сами пришли к такому же выводу ещё до того, как я об этом упомянул (один человек сказал мне, что пришел к такому мнению ещё двадцать лет назад). Однако ни один из них не поделился своей мрачной уверенностью с общественностью, и именно эта группа людей побудила меня высказаться публично.

Я старался быть настолько объективным, насколько это было возможно, будучи осведомлённым о коварном искушении сфокусироваться только на взглядах, поддерживающих меня и сочувствующих мне. Я обратил особое внимание на тех, кто больше всех знает о современном пророчестве. Однако и от них я получил смешанные сигналы. Доктор Клиффорд Хилл *(Clifford Hill)*, основатель миссии «Служение пророческого слова» (Prophetic Word Ministries) и журнала «*Пророчество сегодня*» выпустил аудиозапись, чтобы «защитить тело Христово от этого лжепророчества», хотя он «намеренно не слушал моё предсказание, чтобы его суждение не подверглось неуместному влиянию». На последующей за этим конференции его коллега Давид Ноакс (David Noakes), который прослушал моё выступление дважды, пообещал во имя Господне, что эта страна никогда не будет отдана в руки ислама. Однако позднее они оба сделали заявления, включавшие в себя следующее: «Существует много доказательств тому, что Бог использует ислам как «жезл Своего гнева» против церкви по причине её отступничества». Недавно доктор Хилл написал в своём журнале: «Если мы не ответим правильно [на «угрозу» ислама нашему христианскому наследию], Британия станет исламской страной через одно, максимум через два поколения». Возможно, мы уже совсем недалеко от этого события.

Один из тех, с кем я консультировался и ранее цитировал его – это Джоэл Эдвардс, руководитель Евангельского Альянса. Мне хотелось узнать его мнение из-за того, что он имеет широкие связи как в церкви, так и в обществе. Мы неожиданно встретились на официальной церемонии посвящения Грега Хаслама на пасторское служение в церкви Вестминстера, и я решил использовать возможность и спросить его, могу ли я кое-что сказать ему. Получив согласие, я сделал категоричное заявление: «Я верю, что эта страна станет исламской». После резкого вдоха он просто ответил: «Вы правы». Теперь была уже моя очередь ошеломлённо затаить дыхание, поскольку я ожидал услышать что-либо от прямого отрицания до компетентного комментария, но никак не немедленное принятие.

Однако впоследствии он поместил два комментария на своём веб-сайте. Во-первых, его ответ не был предназначен для общественного обсуждения. Хотя при той встрече он никак не указал мне на это (подошла бы любая фраза, наподобие, «это конфиденциально», «между нами говоря», «это не для общественности»). Но хочется использовать эту возможность, чтобы принести ему свои извинения, если он считает, что я разгласил конфиденциальную информацию. Во-вторых, он имел в виду, что это *может* произойти, но *не обязательно* произойдёт. Далее он привёл настолько сильные аргументы в пользу того, что это может произойти, что многие, включая авторов журнала «Христианство и обновление» (*Christianity and Renewal*), сделали вывод, что он «соглашается с моими выводами» (и снова появляется это же слово!).

Ответом со стороны англиканской церкви было многозначительное молчание. Рекламные ролики в газете *Church of England Newspaper,* принадлежащей «нижней» церкви и в газете *Church Times*, принадлежащей «высшей», почти не вызвали интереса, в то время как к публикациям в других христианских кругах было проявлено значительное внимание. Две группы поддержали меня – христиане, которые никогда ранее не были мусульманами, но в настоящее время работающие с ними, и бывшие мусульмане, уверовавшие в Христа.

Неожиданное подтверждение пришло из нехристианских кругов. Один из руководителей мусульманского сообщества граждан города Лестер, Сулейман Нагди, комментируя моё предсказание, обнадёживающе сказал: «Являемся ли мы второй по величине религией в Англии? Да. Однако я думаю, что нам ещё предстоит пройти долгий путь, пока это (т.е. завоевание всего народа) произойдёт. Этого не случится в течение следующих пяти-десяти лет». Итак, у нас есть время для передышки, несмотря на то, что он считает это неизбежным! Профессор истории ислама в Еврейском университете Иерусалима, *(Hebrew University of Jerusalem)* Моше Шарон, сказал мне, что, по его мнению, Британия будет первой страной Западной Европы, которая падёт перед исламом, стремящимся захватить Европу.

Некоторые христиане в своих комментариях написали, что предпочли бы, чтобы в моих выступлениях это предсказание не звучало. Тогда они от всего сердца согласились бы со всем остальным. Эти люди считают, что предупреждение вызывает ненужные споры, препятствуя тому, чтобы быть принятым многими людьми. Однако без этого я бы никогда не стал готовить мои записи к публикации. Также очень сомневаюсь в том, что в этом случае моя весть получила бы такую широкую огласку, хотя, повторюсь, я говорил о предсказании не с целью привлечения внимания. Это слово добавляет ощущение важности и срочности, и на этом фоне вся весть была принята во внимание.

Вместе с комментариями приходят и вопросы относительно того, что именно Господь показал мне. Два из них особенно важны.

Как скоро? Когда мы можем ожидать, что это произойдёт? Я был внимателен и старался избегать всякой датировки, потому что не получал к этому никакого указания. Одна христианская газета *Evangelicals Now* подала мою весть под заголовком «В течение десятилетия». Это фраза, которую я никогда не произносил, и она вызвала лишь скептицизм. Я уверен, Господь действительно *говорит* нам, что *сейчас* наступило время начинать думать на эту тему и подготовиться к такому достаточно вероятному повороту событий.

Это неизбежно? И снова я тщательно старался избегать этого слова, поскольку Господь имеет свободу выбора и может изменить Своё решение относительно того, что намеревается делать даже в ответ на человеческое прошение. На память приходят имена Моисея и Амоса. Но самым ярким примером из Писания является Книга пророка Ионы, чьё безусловное и обозначенное датой пророчество о разрушении Ниневии так и не исполнилось, потому что всё население покаялось, и Бог сжалился над невинными детьми и безгласными животными, которые погибли бы в такой катастрофе. Да и сам Иона подозревал, что Бог может освободить их от наказания, и потому, не желая стать Божьим пророком для ниневитян, вначале попытался убежать в Фарсис (Ионы 4:1-3; см. также 4 Царств 14:23-27). Но он также заботился о Божьей репутации, как и о своей, будучи убеждён, что ниневитяне не воспримут всерьёз гнев Божий и вернутся к своим злым делам. Иона оказался прав – они так и поступили. Спустя полтора столетия Бог послал пророка Наума провозгласить, что Божественное терпение закончилось, а состояние людей – неисправимо, поэтому разрушение абсолютно неизбежно (Наума 3:19). Так же, как Иона послушался Бога и произнёс безусловное предупреждение, я чувствую, что должен сделать то же – без всяких «если», так как и получил эту весть, хотя Бог в Своей суверенности имеет совершенную свободу изменять стратегию Своих действий, но не Свои совершенные цели. Сделает ли Он что-то подобное в нашем случае?

Поскольку я – евангелист, то стараюсь найти подтверждение в Писании всему тому, о чём проповедую и чему учу. Но в Библии нет ни одного упоминания ни об исламе, ни о его росте и распространении в качестве мировой религии и, соответственно, о завоевании им всей Британии. Не имея ни одной прямой ссылки на Писание, я спросил у Господа, есть ли какая-нибудь аналогичная ситуация, способная пролить свет на то, что Он сейчас делает в нашей стране. Снова и снова мои мысли возвращались к ещё одному малому пророку. Это был не Иона, а Аввакум. Во время моего достаточно длительного служения проповедника, я часто рассказывал своей церкви об этом человеке, который дерзнул спорить с Богом. Он не выиграл тот спор (а кто бы смог?), но получил достаточно понятный ответ на свои жалобы.

Глубоко скорбя о моральном и духовном падении Израиля, он обвинил Бога в безразличии и в том, что Он ничего не делает, чтобы исправить ситуацию. Господь ответил, что Он уже взялся за эту проблему и привёл войско завоевателей из Вавилона (современный Ирак), чтобы решить её. Аввакум немедленно перешел в иную крайность и начал жаловаться, что Бог стал делать не слишком мало, а слишком много! Зная о политике вавилонян выжигать землю, уничтожая все посевы, животных и людей, пророк указывает на то, что средство избавления от проблемы слишком уж радикально. Даже если Иерусалим и достоин такой судьбы, у Бога не останется ни одного избранного человека, который мог бы поклоняться Ему и представлять Его перед другими людьми. Аввакум даже попытался ограничить Бога, «связать» Его с помощью Его же качеств, доказывая, что у Него глаза слишком чисты, чтобы видеть такое злодейское заклание всего Божьего народа. Ответ Божий ясен и прост: «Праведный (тот, кто живёт праведно) своею верой (оставаясь верным Мне) жив будет (переживёт холокост)» (Аввакума 2:4). Даже когда эта фраза цитируется в Новом Завете, всегда подчеркивается необходимость постоянного доверия Господу, что бы ни происходило (Римлянам 1:17; Евреям 10:38-39), и тогда можно будет пройти безопасно через время суда.

Это обетование удостоверило Аввакума в том, что последующие испытания будут искуплением, а не просто наказанием, восстановлением народа, а не его отвержением, и надеждой больше, чем угрозой. Бог стоял за вавилонянами и в совершенстве знал, что делал через них для пользы тех, кого считал Своими.

Эмоции Аввакума совершили ещё один крутой поворот, и мы видим, как он поёт от радости. Перспектива получить наказание не исчезла – изменилось отношение пророка к нему. Теперь он уверен в том, что будет «... радоваться о Господе и веселиться о Боге спасения моего» даже в том случае, если его земля действительно будет опустошена.

Аввакуму было сказано сделать известным божественное намерение настолько, насколько это было возможным. Он должен был поместить эту весть на скрижали и поставить на улицах, чтобы «тот, кто бежит (будет проходить мимо), мог прочитать это, и тот, кто прочитает, мог бы побежать (чтобы рассказать другим)». Еврейский текст можно перевести двусмысленно! В своей ситуации я решил, что должен сделать подобное, используя великое разнообразие средств массовой информации, доступных сегодня. Подобно ему, я понимаю необходимость рассказать всем, кто услышит, увидит или прочитает не только о том, *что* произойдет, но и *почему* это произойдёт.

Ибо моё «откровение» не закончилось на предсказании захвата Британии исламом. Главная причина того, что я верю в Божественное происхождение этой вести, а не в человеческую «интуицию», состоит в том, что вместе с ней пришли и следующие мысли, также имеющие в себе глубину знания и печать авторитетности. В течение нескольких лет я выработал то, что называю молитвой «вопрошания» (я задаю Богу вопросы). Эта молитва отличается от «молитвы ходатайства», когда я прошу Бога о милости к кому-либо. Частью такой молитвы являются ожидание ответа Божьего и способность различать Его голос. Время от времени ответ приходит весьма явным образом, однако, я не стану сравнивать это с прямой «горячей линией» с небесами. Ответы обычно «кристально ясны», но приходят в форме, подобной телеграмме – всего одно или несколько слов, одно-два предложения посылается мне очень редко.

В этом случае моим первым вопросом было: «Для чего Ты говоришь мне это (о таких изменениях в будущем)?» В ответ в моих мыслях промелькнуло одно предложение настолько понятное, как будто я только что прочёл или услышал его: «Потому что Моя Церковь не знает об этом и не готова». Это, естественным образом, привело к следующему вопросу: «Каким образом? Как мы можем приготовиться?» Неожиданным ответом стали три слова: «Реальность. Взаимоотношения. Праведность». (По-английски все три слова начинаются с буквы R, *прим. переводчика*). Вот и всё, что я получил.

Те, кто знаком с моим стилем проповеди, убедились, что я часто использую аллитерацию. Говорят, что это – «компетенция глупцов, поэтов и плимутских братьев». Однако эта методика является хорошей помощью в запоминании. Кто, услышав фразу «Цыган сказал цыплёнку: «Цыц!»» будет иметь трудности в запоминании правописания этих слов? Это происходит, потому что поэзия откладывается в памяти намного лучше, чем проза. Вначале я подозревал, что это влияние моего собственного мышления на то, что я слышу. Затем я размышлял, что Бог, возможно, учитывает мои слабости. В итоге вспомнил, что большая часть библейских пророчеств была дана в поэтической форме, и что Бог желает, чтобы эти слова глубоко укоренились в нас.

Я размышлял над этими словами в течение нескольких месяцев, и их плоды вы найдёте в последующих трёх главах. Я считаю, что эти слова являются божественным диагнозом в отношении тех недостатков, что привели нас к уязвимости перед вероятным нападением. Одна из неясностей, которая породила моё предсказание, состоит в том, выживет ли церковь в этом процессе? Ответ будет положительным, если эти три основные нужды будут восполнены, и отрицательным – в случае, если они будут проигнорированы.

Читатели, внимательно прочитавшие оглавление, уже заметили, что в этой «христианской» части книги находятся шесть глав, а в английском варианте все они начинаются с буквы R. Из них только три «пришли» ко мне, как я считаю, от Господа. Я ничего не пытаюсь добавить к этому. Оставшиеся три (эта глава и последние две) написаны мной. Я добавил знак вопроса к их названию, чтобы отличить эти главы от других. Для чего они нужны?

Как можно было ожидать, после выхода аудио- и видеоверсий этого материала (в конце 2002 года) в самых разных местах прошло много дискуссий на эту тему. Обсуждались и возможные причины, и возможные результаты. Я много размышлял над практическими аспектами и сейчас готов рассказать о них больше. Факты, связанные с прошлым, обсуждаются в данной главе, а в главах 12 и 13 – то, что связано с ближним и дальним будущим.

Во всех трёх главах мои комментарии имеют предположительный характер и представлены читателю на размышление. Они представляют собой ответ на то, что было сказано мне (и обо мне!). Я не желаю ничего более того, чтобы они обсуждались в том же духе, в каком приводятся здесь. Вопросы, находящиеся в заглавиях, являются приглашением именно к такому обсуждению, а также свидетельствуют о признании того факта, что в рамках этих тем существуют различия в понимании даже в среде искренних христиан евангельского вероисповедания.

Главы 8, 9 и 10 сильно отличаются от последующих глав. Я представляю их с уверенностью, которую некоторые могут посчитать слишком догматичной. Однако я считаю, что их основное содержание не может стать платформой для дискуссий. Читателю предоставлен выбор либо принять, либо отвергнуть его, в зависимости от того, видите ли вы печать истины Божьей или нет. Я согласен отдать право судить в ваши руки.

8

Реальность

«Все религии мира могут оказаться ошибочными, и только одна является истинной!» Этими словами я начал свое выступление перед 850 мальчишками, собравшимися в школе грамматики. Меня настойчиво приглашали дать ответ на очень возросший интерес к исламу, возникший в результате визита проповедника-мусульманина. Остальная часть моей беседы была сконцентрирована на «настоящих» вопросах, а в конце зал ответил мне внезапной овацией.

Главный вопрос, цитируя Понтия Пилата, – «Что есть истина?». В любом словаре английского языка слова «истина» и «реальность» указаны как синонимы. В библейских языках (еврейском и греческом) эти понятия выражены одним и тем же словом, поэтому при переводе могут быть взаимозаменяемы. Когда апостол Павел говорил о «Едином Истинном Боге», он имел в виду, что Он – «Единственный настоящий Бог, единственный, Кто в реальности существует». Ответ на вопрос Пилата стоял всего в нескольких метрах от него, потому что Сам Иисус провозгласил: «Я есмь Истина». Он не просто сказал: «Я – реален», но: «Я – реальность, стоящая за всякой реальностью». Такие заявления заставляют нас задуматься, был ли Он сумасшедшим, лжецом или Богом!

РЕАЛЬНОСТЬ

Слово «истина» имеет и другие синонимы, такие как «актуальность», «точность» и «подлинность». Все они ещё раз подчеркивают жизненно важную необходимость в способности различать, какие из притязаний на истину соответствуют реальным фактам нашего существования. Весьма важно определить, является ли наша Вселенная игрой случая или выбором Творца, существует ли Бог или нет, и ответственны ли мы перед Ним или только перед собой и друг перед другом.

Поиск истины затрудняется нашими предпочтениями к фантазиям, а не к фактам. Это можно легко проиллюстрировать нашим выбором в пользу наших интересов и хобби вместо ежедневной работы в «реальном» мире. Книги и фильмы (наподобие «Повелитель мух» или «Властелин колец») привлекают больше внимания, чем какая-либо информация о Властелине всей Вселенной. Наше внимание переключилось от объективной реальности, находящейся «где-то там», на субъективную, лежащую «где-то здесь».

Какой бы значимой ни была религия для её последователей, как бы она их ни удовлетворяла, мы должны твёрдо держаться понимания того факта, что она представляет собой не более чем плацебо, если только её догматы напрямую не связаны с реальностью жизни во Вселенной, и в этом смысле они научны. Иначе мы живем в иллюзии, которая в конечном итоге окажется самообманом и саморазрушением человека. Мы должны обнаружить такую истину, которая будет истиной для всех – для каждого, отдельно взятого человека, и останется ею вне зависимости от того, верит в неё кто-нибудь или нет.

При этом не так важно, верим ли мы в божественное существо под названием «Бог» или нет. Намного важнее вопрос: «В *какого* именно Бога вы верите (или не верите)?»

Говорят, что мы не должны осуждать атеиста до тех пор, пока не узнаем, о каком Боге ему говорили. Когда мы задаём подобные вопросы, вскоре обнаруживаем, как радикально мировые религии отличаются друг от друга. Их противоречивость становится настолько очевидной, что все, кроме особо наивных и незнающих людей, могут понять, что религии не могут быть «все одинаковы». Полезно задать следующие два вопроса.

Личность или «Что-то»? Является «Бог» просто великой или космической силой, к которой мы можем быть приучены, или «Бог» обладает сердцем, разумом и волей, т.е. качествами личности, с которой мы можем иметь отношения? Бог – Он? Она? Оно? Буддизм даёт один ответ, ислам – совершенно другой. Между выражениями «благослови тебя Бог» и «пусть с тобой пребудет сила» существует огромная разница.

Один или много? После нескольких столетий христианского влияния на наш мир, мы настолько привыкли использовать слово «Бог» в единственном числе, что нам представляется странным, если кто-то может верить в существование множества богов (и богинь). Индуизм заявляет, что существует множество «божественных проявлений», по некоторым подсчётам их число достигает 30 миллионов. Ислам ужасается от такой мысли и категорически настаивает на «единстве» Аллаха.

ЕДИНЫЙ БОГ

Вышеописанные противоречия очевидны, но на первый взгляд не столь очевидны противоречия между тремя «монотеистическими» религиями. Слишком уж легко многие сделали предположение, что все поклоняются одному и тому же Богу, просто называя Его различными именами. Евреи называют «Яхве», хотя из-за страха употребить это имя всуе, редко его произносят. Они замещают его эвфемизмами, наподобие слова «небеса». Даже слово «Бог» никогда не употребляется в печати, а только «Б-г». Христиане называют Его «Отец», мусульмане – Аллах. А может быть, что все эти имена указывают на три различных бога? Однако ответ намного сложнее.

С одной стороны, христиане убеждены, что их Бог Тот же, что и Бог Израиля, поскольку Писания евреев, Ветхий Завет, включены в Библию христиан. «Яхве» был не только Богом Иисуса Христа, поклонявшегося, как правоверный иудей, но и Его Отцом в особом уникальном смысле. Христиане считают, что знают об этом Боге больше, чем евреи, но ничего из этого не противоречит тому, что уже знают евреи.

Церковь, однако, быстро приняла антисемитское отношение к своим иудейским корням и оставила имя, с которым Бог явился Израилю. Вместо этого имени используется слово «Господь» (в английских переводах Библии это слово пишется с заглавной буквы) или четыре согласных буквы JHVH (произносится «ЯХВЕ») еврейского слова получили английское произношение с добавлением фонетических гласных, так что в английском варианте получилось «Jehovah», (в русском варианте «Иегова», *прим. переводчика*).

В прекрасном переводе, недавно выпущенном римокатоликами под названием *Jerusalem Bible* (Иерусалимская Библия) восстановлено еврейское имя «Яхве».

Ещё большие трудности возникают при переводе Библии на арабские языки, в которых слово «Бог» неизменно переводится как «Аллах». Оправдывают это тем, что это слово на арабском языке означает просто Бог. Но это не так. Буквальный перевод исламского Символа веры звучит так: «Нет никакого другого бога, кроме Бога [Аллаха]». Здесь первое слово бог – это общий термин, применимый к целому классу, общее описание (подобно термину «океан»). Второе же использование слова «Бог» вместе с определённым артиклем делает его исключительным (эквивалентом фразы «Единственный Бог») и стало титулом и фактически именем (подобно названию «Атлантический» или «Тихий»). Военный клич арабов «Аллах Акбар!» – (Бог (Аллах) велик!) – явно используется в таком смысле.

В еврейских Писаниях *Эллохим* – это общий термин, означающий «Бог» (важно заметить, что это слово всегда во множественном числе, и говорит минимум о трёх «богах», хотя глагол, употребляемый вместе с ним, всегда в единственном числе), а «Яхве» является именем особого Бога. В еврейских Писаниях «Яхве» используется более 9000 раз, в то время как «Аллах» – ни разу. В Коране же полностью наоборот.

ТРИЕДИНЫЙ БОГ

Однако различия между Богом мусульман и Богом христиан простираются намного дальше, чем просто различия в вопросе имен. Существуют радикальные отличия, приводящие к несовместимости в их сущности. Их можно суммировать одним словом – «Троица».

Само это слово и то, что оно представляет, является анафемой для правоверного мусульманина, который питает отвращение ко всему, что может быть связано с политеизмом (многобожие), включая в него и понятие тритеизма (три бога). Напомню, что Мухаммед ошибочно понимал христианское «три», как «семейство», состоящее из Бога Отца, Сына Иисуса (по-арабски *Иса*) и Марии-матери (вероятно, некоторые христиане виновны в таком впечатлении). Поэтому в дальнейшем возникло предположение, что христиане верят в то, что Отец имел плотские отношения с матерью, чтобы произвести Сына. И даже после того, как эта карикатурная картина была исправлена, водораздел всё ещё остаётся глубоким, что, видимо, понимает большее количество мусульман, чем христиан. Хотя слово «Троица» не находится в Библии, а было создано намного позднее (североафриканским христианином по имени Тертуллиан), этот термин условно обозначает многие факты и явления, составляющие неотъемлемую часть Нового Завета. Евреи были настолько же строгими и пылкими монотеистами, как и поздние мусульмане. Веруя в существование только одной личности, называемой Бог, в их собственном вероучении, несмотря на то, написано: (*Шема*, из книги Второзаконие: «Слушай, о Израиль: Яхве, Боги наши, Господь един есть»). Когда же Иудей по имени Иисус (по-еврейски *Иешуа*) родился, жил, умер и воскрес среди них, сначала немногие, затем сотни и тысячи людей убеждались, что Он – настолько же полноценный Бог, как и человек. Его можно называть «Господь и Бог» так же, как и Яхве, Которого Он называл Своим Отцом. То, что Отец и Сын сильно отличаются друг от друга, никогда под сомнение не ставилось. Они говорили Друг о Друге и Друг с Другом, а также о третьей Личности, о Духе Святом, Которого те же иудеи-монотеисты смогли познать лично вскоре после того, как Иисус оставил землю.

И всё же, они ни на мгновение не сомневались в том, что, встречаясь, зная и любя, все три, отличающиеся друг от друга Личности, имели дело с одним единственным Богом. Они никогда не говорили таких слов, как «они» или «их», когда упоминали о Боге, но всегда употребляли местоимение «Он» или «Его». Единство Божье не находится в единственности личности, но в совершенной гармонии мысли, чувств и намерений, разделяемых Ими всеми, и в Их функциях, дополняющих друг друга для достижения идентичных целей. То, что одна из этих трёх Личностей приобрела и до настоящего времени имеет человеческую природу, такую же, как и у нас, просто добавляет нам удивления. То, что информация о

Боге выходит за пределы возможностей нашего разума, – не удивительно. Мы сами должны были бы стать богами, чтобы познать Бога во всей полноте.

Вопрос о Троице является «лакмусовой бумагой», экзаменом на истинность христианства. Время от времени некоторые христиане чрезмерно подчёркивают важность одной из Личностей Троицы больше, чем двух других (обычно Личность Сына или Духа Святого). Существуют секты, заявляющие о себе, что они – христиане, и в то же время отрицающие Божественность Христа и личность Духа Святого. Унитаристская церковь Северной Америки, мормоны и свидетели Иеговы этому являются примером. Однако вся церковь настаивает на том, что настоящий христианин – это тот, кто имеет доверие и личные взаимоотношения с Отцом, Сыном и Духом Святым.

Ничего подобного вы не найдёте в исламе. Несмотря на то, что девяносто девять имён (включая титулы) относятся к Аллаху, имена двух личностей отсутствуют в этом списке и не могут использоваться мусульманами для обозначения Бога, а эти личности и их имена составляют суть поклонения каждого христианина.

Бог – *Отец*. Отцовство является неотъемлемой частью Божественного Существа. Он всегда был Отцом и всегда Им будет, потому что у Него всегда был Сын и всегда будет. Отец – это не просто Его имя, а Его природа. Это – не просто «антропоморфическое» проецирование наших взаимоотношений на Него, а как раз наоборот, Он – Отец, от Которого именуется всё отцовство на небе и на земле (Ефесянам 3:14-15; греческое слово *патриа* часто ошибочно переводится как «семья»). Не удивительно, что наиболее читаемое свидетельство об обращении из ислама в христианство названо «Я осмелился назвать Его Отцом». Именно Его единственный и вечный Сын сделал возможным такие «семейные взаимоотношения». Он называет тех, кто уверовал в Него, «братьями» (Евреям 2:11) и даёт им право обращаться к Его Отцу «Отче наш» (Матфея 6:9). Поскольку всё вышеописанное происходит только через Него, Иисус имел полное право сделать такое исключительное заявление: «Никто не приходит к Отцу, как только через Меня» (Иоанна 14:6). Без Него ничего из этого не было бы возможно. Он играет настолько исключительную роль, что Писание даёт Ему более 250 имён и титулов – более, чем кто-либо в истории человечества приобрёл или заслужил.

Бог есть *Любовь*. Это одновременно – самое простое и самое глубокое утверждение. Оно может быть сделано только христианином (иудей подобного сказать не мог), и появляется уже в конце Нового Завета (1 Иоанна 4:8), потому что так можно сказать только после того, как люди убеждаются в том, что Бог – это Три Личности в одной природе. Одна, удалённая от всех личность, существующая в изоляции от всех, просто не может быть любовью. Иначе говоря, кого любил Бог до того, как сотворил кого-то, кого Он мог бы любить? Ответить «Самого Себя» – значит обвинить Его в нарциссизме (это название произошло от Нарцисса, героя греческого мифа, который влюбился в своё собственное отражение в водоёме). Но в Боге мы находим любовь жертвенную, а не эгоистичную, простирающуюся к другим, а не к Себе. Отец всегда любил Сына и Духа Святого, а они всегда любили Его. Когда меня спрашивают, зачем Бог создал людей, я всегда отвечаю: «У Него уже был один Сын, общением Которого Он наслаждался настолько сильно, что пожелал иметь большую семью». Истинная любовь желает привлечь всех, а не отдельных личностей, имея желание расширить свои объятия особенно к тем, которым этой любви не достаёт, и к тем, кто в ней нуждается.

Представьте себе, что христианство вдруг отказалось бы от концепции «любящего Отца». Его сердце, его суть была бы потеряна, хотя, возможно, оно всё ещё могло бы апеллировать к разуму и воле. Бог был бы тем, Кому нужно было бы повиноваться, в надежде избегнуть ад и приобрести небеса, но вряд ли Он был бы Тем, Кого можно возлюбить «всем сердцем, всею душою, всем разумением и всею силой». Это были бы отношения господина и слуги, но не отца и сына; исполнение обязанностей, но не наслаждение и радость.

К этому времени должно быть уже очевидно, что различия между мусульманской и христианской концепциями о Боге не в степени, а в своей сути. Говоря проще, Аллах и Отец Иисуса Христа – не один и Тот же Бог, как многие наивно предполагают. Бог Библии и Бог Корана слишком уж отличаются друг от друга, чтобы их можно было отождествить.

Почему же тогда возникает сопротивление настолько понятному выводу и давление к тому, чтобы уменьшить очевидные противоречия (самое фундаментальное – это утверждение Корана о том, что Бог не имеет сына, начертанное на внутренней стене мечети Омара (Дом на скале) в Иерусалиме)? Некоторые из причин мы рассмотрим позднее (в главе 11), но в главе, названной «Реальность», мы обязаны разобраться с главной из них. Если обнаруживается, что мусульманская и христианская концепции о Боге несовместимы, то невозможно избежать следующего вопроса.

Какой из них «истинный» Бог? Какой Бог «реально» существует? Какое понимание Бога соответствует реальности? Необходимо сделать выбор. Неудивительно, что многие сопротивляются необходимости выбирать, потому что это повлечёт за собой расхождение во мнениях, а также и обязательства. Поверить одному – значит отвергнуть другое. Никогда не будет такого понятия, как христианский мусульманин или мусульманский христианин (другой вариант христианин-мусульманин или мусульманин-христианин) при полном понимании и принятии обоих вероисповеданий. Намного легче отказаться от всякой ответственности и вопить: «Проклятье на всех вас!» или искать убежища в самоутешающей иллюзии, что «все дороги (религии) ведут к одному и тому же Богу». Эта книга написана не для таких, но для искренних искателей, которых не может удовлетворить клише.

Как мы можем узнать, какой Бог истинен? Существует ли объективное доказательство, на основании которого можно вынести вердикт, или это – дело чисто субъективного предпочтения, сформировавшегося под влиянием наследственности и окружения, слепой «прыжок веры» в ту или иную сторону? Является ли этот выбор вопросом вкуса или истины? На основании чего человек должен принять своё решение?

БИБЛЕЙСКИЙ БОГ

Отправной точкой станет общее сравнение между Кораном и Библией. И та, и другая книга утверждают, что являются точным откровением от Самого Бога, но что из их содержания мы можем проверить на соответствие с реальностью?

Одно из очевидных отличий состоит в том, что в Коране очень мало исторических фактов, а в Библии, напротив, им уделено очень много внимания. Основная причина состоит в различном отношении к важности времени. Мы уже замечали явное безразличие к хронологии в Коране, проистекающее из недостатка интереса к последовательности событий. Он представляет собой слова, сказанные и даже написанные на небесах вне и выше времени, и только лишь продиктованные ангелом в течение времени. Поэтому эти откровения большей частью, но не полностью, не связаны с историческим процессом и содержат больше призывов и предупреждений, чем повествования.

Библия, в отличие от Корана, просто наполнена правдивыми рассказами.

Фактически она сама представляет собой одну огромную историю от начала и до конца – происхождение человечества и нашей Вселенной. Почему в Библии так много написано в повествовательной форме, особенно если сравнить её с другими священными писаниями?

Ответ затрагивает саму суть христианской веры, которая подходит для сегодняшнего дня, потому что корнями уходит в прошлое и стремится к будущему.

Время важно для Бога не потому, что Он находится внутри времени, но потому, что время находится внутри Него. Он не какой-то изолированный, неизменно безразличный, вневременной Бог из греческой философии, Он – Тот, Кто непосредственно вовлечён в события, происходящие во времени и в пространстве. Поэтому евреи назвали Его «живущий» Бог. Он живой и активно действует в нашем мире, динамично взаимодействуя с творением, которому дал жизнь. Клише, выдуманное Ницше, «Бог мёртв», не предназначалось для отрицания Его существования как такового; оно просто говорило о том, что Он ушёл из этого мира в иной, не отрицая Его активности в нашем мире в прошедшем времени.

Бог не настолько «вечное Настоящее», как думают и говорят некоторые христиане. Он – Бог, Который был, есть и грядёт. К сожалению, современные переводы Библии на английский язык предпочитают слово «вечный» более старому «предвечный» – слову, которое связывало время и вечность вместе. Мой дух томился, когда я изучал богословие в Кембридже под руководством профессоров, которые, похоже, изучали Писание с ножницами в руках, отрезая его по кусочкам и выкидывая всё, что не «подходило» к современному взгляду. Моя вера была восстановлена и ещё более укреплена книгой «Христос и время», написанной шведским богословом

Оскаром Кульманом (Oscar Cullmann). Я осознал разницу между еврейским представлением о времени как о линии, которая всегда продвигается вперёд, и греческим пониманием как о замкнутом круге, бесконечно возвращающемся в самого себя. Греки видели Бога, стоящим выше и вне круга, евреи видели Его на линии и внутри её, достигающего Свои вечные цели через временные события. История – это Его история.

Библия – это запись того, что Всемогущий Бог *совершил* в нашем мире, прежде всего в Его Сыне, всегда действуя Духом Святым. Поэтому в Библии так много исторического повествования. Она также является записью того, что Он сказал прямо (движениями воздуха, формируя слышимые и различимые звуки, например, как это описано в Иоанна 12:29), и непрямо – через многих пророков. Однако большая часть Его слов была напрямую связана с Его делами, предсказывая производимые действия до того, как они были совершены, а также для объяснения и применения произошедшего уже после того, как эти дела были совершены.

Итак, Библия представляет нам Бога как реальную Личность, обладающую личностными качествами. Он реально существует в небесах и также является реально действующей Личностью на земле. Большая часть информации о Боге, предоставленной нам этой книгой, взята из «реального мира», в котором мы живём. Библия – книга, повествующая о реальных людях, находившихся в реальных местах и проходивших через реальные ситуации в своей жизни. Она представляет правдивую историю в реальной географической местности.

ВНЕШНИЕ СВИДЕТЕЛЬСТВА

Всё вышеперечисленное даёт Библии преимущество в сравнении с другими писаниями при желании определить их истинность. Очень многое из неё можно проверить как человеку верующему, так и неверующему. Информацию о географических местах можно сверить с любым достоверным атласом. Историческую информацию можно проверить с помощью всех существующих правил проверки на истинность исторического события и собранных доказательств. Например, наличие свидетельств очевидцев и дополняющих доказательств воскресения Иисуса Христа было бы достаточным для того, чтобы убедить любой суд в том, что это произошло, и может объяснить, почему среди профессиональных юристов так много христиан. (Более подробную информацию вы можете найти в моей книге *Объяснение Воскресению*). Издательство Sovereign World, 1993).

Археология также играет значительную роль. В начале своего существования она концентрировалась на библейских местах Ближнего Востока. На эту тему было написано множество прекрасных книг, но я рекомендую читателю недавнюю книгу профессора Давида Рохла «Экзамен временем и Бытие: изучение цивилизации». Он делает удивительные открытия в исследовании времени пребывания Иосифа в Египте и даже об Эдемском саде – прекрасной спрятанной долине, полной фруктовых деревьев. Всё это впечатляет ещё и потому, что он не является ни евреем, ни христианином и потому не имеет интереса к доказательству истинности Библии, но убеждён в том, что история, записанная в Ветхом Завете, является точной и достоверной.

ВНУТРЕННИЕ СВИДЕТЕЛЬСТВА

В такой книге, как эта, невозможно сделать больше, чем только указать на огромнейшее количество доказательств, поддерживающих «реальную истину» Библии. Однако в ней находится ещё более впечатляющая часть внутренних свидетельств, а именно: предсказания будущего. Почти четверть её стихов содержит подобные пророчества, которые особенно сконцентрированы в книгах пророков. Некоторые из 66 книг почти не содержат ничего, кроме пророчеств. (Сразу приходит на память книга Откровение; книги Даниила, Иезекииля и Захарии недалеко отстают от неё). Ученые, в основном, согласны в своих определениях времени написания этих книг, так что мы имеем дело с настоящим предсказанием будущего.

Статистика говорит сама за себя. Насчитывается более 700 (735, чтобы быть точным) отдельных и отличающихся друг от друга пророчеств. Некоторые упоминаются только один раз, а одно упоминается более 300 раз (речь идёт о возвращении Иисуса Христа на планету Земля). Из них около 600 (596, чтобы быть точным, то есть 81 процент) уже исполнились буквально. Некоторые исполняются на наших глазах, например, пророчество о втором возвращении Израильского народа в землю, обещанную им навсегда Самим Богом (см. Бытие 13:15 и Исаии 11:11). Эти и другие места исследуются в длинной, но малоизвестной книге *Колесницы Израиля,* автор – премьер-министр Гарольд Уилсон. *The Chariots of Israel*, by Prime Minister Harold Wilson).

Ни одно из предсказаний, которое могло бы быть исполненным к этому времени, не оказалось ошибочным. Невероятность этого просто астрономическая. Приведем один пример: Иезекииль пророчествовал, что город Тир будет разобран по камням и брошен в море – уникальная судьба, не постигшая ни один другой город ни до, ни после этого. Спустя столетия Александр Македонский именно так и поступил, чтобы сделать дамбу к острову, с которого, ввиду неизбежного прибытия полководца, сбежало население, используя все способные к плаванию лодки. Подсчитано, что математическая вероятность того, что это произойдет, равна одному к 10^{39}!

Оставшиеся 19 процентов пророчеств говорят о конце этого мира, насколько мы понимаем это событие. Поэтому и неудивительно то, что они не исполнились (пока ещё). И только незнание или ожесточенность заставляет людей искать какие-то ещё источники для предсказания будущего: от «умных голов» – до гороскопов (по статистике, их ежедневно читают шесть из десяти мужчин и семь из десяти женщин Великобритании).

Остаётся ещё один вид внутренних доказательств (или проблема, в зависимости от того, с какой стороны они рассматриваются) чудес Библии, который мы определяем как естественное событие, вызванное сверхъестественной причиной. Они разбросаны по её страницам, но обычно группируются вокруг ключевых историй и ключевых личностей (таких как Моисей, Илия, Иисус Христос, Пётр и Павел). Для евреев самым важным событием является переход через Красное море, для христиан – воскресение Христа.

Сверхъестественная причина находится вне возможностей исследования научным путём, поэтому и невозможно научно доказать *или отвергнуть* её. Всякий, кто говорит, что «чудеса невозможны с точки зрения науки», уже сделал шаг веры в «сайентизм» или веру в то, что «естественная» Вселенная является единственно существующей реальностью, и в то, что она является «закрытой системой» неизменных «законов», не поддающихся любому контролю и вмешательству извне. Квантовая физика уже сделала значительную дыру в этой теории, показав, что физический мир намного более гибок и непредсказуем, чем мы это понимали и, по крайней мере, более «открыт» к возможному сверхъестественному проникновению.

Многие своими толкованиями стараются умалить экстраординарные чудеса, которые пронизывают библейское повествование, либо отрицать факт того, что они в действительности произошли, хотя доказать свою точку зрения не могут, ища спасения в совпадениях, либо относя их к естественным событиям, произошедшим случайно. «Удачной случайностью» стал штормовой ветер с востока, который разогнал неглубокие воды Чермного моря «*Reed Sea*» прямо перед тем, как евреи-рабы бежали из Египта, и берег реки Иордан просел на некоторое время, понизив уровень воды в реке в тот момент, когда они входили в Ханаан.

Почему людям кажется невероятным, что Бог, Который создал наш физический мир, может также и контролировать его (вера, называемая «теизм»)? Конечно, человек может выбрать и другой взгляд, считая, что Он только создал мир, но контролировать его не может, подобно тому, как часовщик, создавший часы, может завести их и оставить идти самих по себе (вера, называемая «деизм», достаточно распространена даже в некоторых церквях).

Однако чудеса всё ещё являются неотъемлемой частью библейского описания истории, и их долговременные результаты – такие, как выживший народ, рожденный в египетском рабстве, всё ещё находятся среди нас. Более того, чудеса, совершенные Иисусом Христом в природе и в людях, были подтверждены их современниками и записаны в небиблейских документах тех времён. Евангелие от Иоанна называет их «знамениями», указывающими на то, Кем Он в действительности являлся. Некоторые из них были настолько зрелищными, что только Бог мог иметь достаточно силы и знания, необходимые для их совершения. Даже если современная наука может повторить небольшое число таких чудес, да и то на примитивном уровне, она может это сделать, только используя оборудование и финансовые ресурсы, не существовавшие 2000 лет назад. И ни одно из этих чудес не может быть совершено всего лишь одним словом.

Существуют огромные различия между Иисусом Христом и Мухаммедом. Коран не упоминает ни об одном чуде Мухаммеда, хотя чудеса Христа подтверждены.

Мусульмане, живущие в последующих столетиях, очевидно, решили, что это будет вредить репутации пророка, которого стали чтить, и их предания начинают приписывать ему сверхъестественные действия и даже некоторые из чудес, совершенные Иисусом Христом.

Нам нужно заканчивать главу, оказавшуюся намного длиннее, чем она была задумана. Вывод ясен: Библия, лежащая в основе христианской веры, заявляет о том, что описывает: «Единого истинного (т. е. реального) Бога». Мухаммед называл христиан и иудеев «людьми Книги». Без неё мы бы находились во тьме относительно того, Кто такой Бог и каков Он, точно так же, как и все остальные люди. Мы остались бы только с некоторыми ориентирами, содержащимися в природе, окружающей нас, и в совести, находящейся внутри нас, хотя и этого уже достаточно для того, чтобы оставить атеистов и агностиков «безответными», т. е. без оправдания (это написал Павел в послании к Римлянам 1:20).

Переживут ли христиане нарастающее противостояние с исламом, во многом зависит от степени их уверенности в их собственных писаниях. Трагично то, что эта уверенность подрывается внутри христианских кругов, особенно академично настроенными «учеными». Так называемый «высший критицизм» начал применяться к Библии в Германии, но распространился в богословских семинариях по всему миру. Зародилось движение, рассматривающее библейское повествование как миф, метафору, истории, содержащие духовные, моральные и даже психологические «истины», но не как события, произошедшие буквально, подобно исландским сагам или мифам Эзопа.

Конечно же, в Библии есть метафорические истории, из которых наилучшим примером являются притчи, рассказанные Христом, хотя и их влияние основывается на том, что они *могли* бы произойти. И никто не понимает буквально каждую её строчку, иначе нам пришлось бы уверовать в то, что только животные будут иметь жизнь после смерти: овцы – в небесах, а козлы – в аду! Проблемы же возникают в тот момент, когда библейские авторы явно описывают нам исторические события, а толкователи их «мифологизируют», потому что современный ум находит трудным уверовать в них. Трудно остановиться, однажды начав идти таким путём. Адам и Ева стали первыми жертвами такого толкования. Вскоре к ним присоединились Ной, Иона, Авраам, Исаак и Иаков. Даже Иисус Христос не имеет неприкосновенности в их глазах. Первой была поставлена под сомнение буквальная историческая реальность непорочного зачатия и рождения Христа, за этим последовали видимое восхищение на небо и Его Второе пришествие на землю в физическом теле. Более того, Его телесное воскресение, на факте которого основана христианская вера и надежда, теперь тоже должно быть «демифилогизировано» и стать историей о том, как вера в Него выжила после Его смерти.

Тревожный факт заключается в том, что большое количество епископов разделяют такие скептические домыслы.

Истинность и авторитетность христианства основаны на исторических фактах, а не на чувствах, тем более, не на фантазиях. Без такого основания практически не на чём строить свою веру. Действительно, можно сказать, что если Христос не воскрес из мёртвых в Своём теле, то христиане стали жертвами самого великого обмана в истории человечества и им стоит поискать более достоверную религию.

Итак, в то время, как христианство должно противостать исламу, в нём самом действительно существует кризисная ситуация, и её нужно разрешить как можно скорее.

Истинный «фундаментализм» – вот что нам действительно необходимо. Первоначально этот термин был предназначен для обозначения тех христиан, которые всё ещё верят в такие «фундаментальные» истины, как непорочное рождение Христа от девы и Его телесное воскресение. Позднее он превратился в презрительный эпитет, используемый по отношению к тем, кто использует буквальное толкование ко всему, что написано в Библии, и применяет её истины соответствующим образом. Я вспоминаю комментарий Ричарда Холловея, являющегося епископом Эдинбурга и архиепископом Шотландии, когда он делал обзор одной из моих книг. Относительно моего учения было написано: «Он абсолютно прав. Это – то, что говорит Библия, и то, что вместе со многим другим мы давно отвергли. Трудности мистера Посона трагичны. Он – добрый вежливый человек и хороший христианский лидер, но абсолютно зациклен на фундаменталистическом методе толкования Писания. Это помогает ему быть последовательным настолько, насколько последовательно Писание, но он также верит, что должен делать то, что Библия говорит ему делать». Я сохранил этот комментарий для того бедного человека, которому придётся выполнить неблагодарное дело по написанию моего некролога! Однако эти слова подчёркивают наши слабые стороны.

То, что нам необходимо, – это новый фундаментализм, который будет принимать Библию полностью и весьма серьёзно, а в поисках истинного значения каждой маленькой части рассматривать то, что было задумано её авторами и Духом Святым, вдохновлявшим их, строго придерживаясь того, что уже находится в ней, и того, что можно вывести из неё (экзегеза), при этом не приписывая ей то, что хочется, чтобы она говорила. Одним словом, это означает принимать Библию как книгу, представляющую абсолютную истину и в событиях, записанных в ней, и в этических стандартах, которые она возлагает на читателя (для христиан эти стандарты находятся в Новом Завете). Поскольку для всех абсолютов существуют противоположные истины, Писание ясно представляет нам следующие альтернативы: истина противостоит лжи, свет – тьме, жизнь – смерти. Всё описано в черно-белом свете, избегая всякой тени промежуточно-серого цвета и не предоставляя никакой возможности поторговаться или вступить в переговоры. Например, выражение «Бог истинен, а всякий человек лжив» не имеет полутонов.

Христиане должны иметь абсолютную уверенность в следующих абсолютных истинах: Бог, описываемый Библией – *единственный*, Кто в действительности существует (Исаии 45:5), Иисус Христос – *единственный* путь к Отцу (Иоанна 14:6), и нет ни в ком ином спасения (Деяния 4:12). Только те, кто настолько убежден в них, что готов лучше страдать или умереть за них, вместо того, чтобы отречься и решительно настроены на провозглашение этих истин при всякой возможности устами и жизнью, – именно те окажутся истинными христианами, способными обратить даже своих врагов.

Для некоторых такая посвящённость может показаться полнейшим высокомерием, и нужно признать, что некоторые христиане оставляют именно такое впечатление. Но не столько «мы обладаем истиной, сколько истина должна обладать нами». Мы были гордыми и противостояли ей до тех пор, пока не предстали перед ней лицом к лицу, и от нас потребовалось сложить перед ней все то, что лелеяло нашу гордость. Нас убедили в том, что мы должны смотреть в лицо истине, говорящей о нас в свете истины о Боге. Это событие стало унизительным, убийственным для нашей гордости, но освободило нас, и мы стали настоящими людьми с настоящим Богом.

Я закончу эту главу тем, что предложу оригинальный, но подходящий христианам Символ веры, который можно читать самому или вместе с другими. Он суммирует самые важные в свете современной ситуации составляющие нашей веры и значительные отличия от ислама.

Нет иного Бога, кроме Яхве, и Иешуа – Его Сына.

* * *

Если вы предпочитаете русифицированную версию еврейских имён, вы можете заменить их именами «Иегова» и «Иисус Христос». В любом случае этот Символ выражает то, с чем христиане должны жить, а если придется, должны быть готовы и умереть, потому что это – абсолютная истина и полнейшая реальность.

9

Взаимоотношения

«Христианство – это взаимоотношения, а не религия». Эта фраза была произносима настолько часто, что превратилась в клише. Тем не менее, она говорит истину, хотя и не всю.

Словари определяют религию как «веру или поклонение сверхъестественной силе (или силам), которая считается божественной, или контролирующей судьбу человека, а также любое формальное (внешнее) выражение таких взглядов». Если пользоваться такими мерками, христианство действительно является религией, поскольку, как и другие религии, имеет такие религиозные действия, как поклонение, молитву, посты, пожертвования и определённые моральные стандарты жизни человека.

Вероятно, более правильно будет сказать, что христианство – это религия, основанная на взаимоотношениях. Библия предлагает человеческим существам жизнь с «избытком» здесь, и «вечную» жизнь после, при этом определяя её как «знание» Единого истинного Бога и Его Сына, Иисуса Христа (Иоанна 17:3). Использование слова «знать» в Библии намного превосходит простую осведомлённость в каком-либо вопросе. Оно означает быть в близких отношениях (Адам «познал» Еву, она зачала и родила Каина).

Без таких взаимоотношений христианство потеряет и сердце, и душу. Увы, оно всё ещё может внешне практиковаться формальным образом: посещением богослужений, произнесением молитв, прочитыванием вероисповеданий, пожертвованием денег, отстаиванием моральных стандартов и т.п. При этом главное – суть христианства – может быть утеряна, и подобная номинальная связь, которую я предпочитаю называть воцерковлением» («Churchianity»), маловероятно, что останется надолго в светском обществе, особенно, если за это придётся хотя бы немного пострадать. Более того, христиане, будучи преследуемы, лишенные общения с другими христианами и своих Библий, смогли выстоять именно с помощью взаимоотношений, несмотря на то, что они не могли практиковать свою религию в полной мере. Здесь уместно вспомнить о Ричарде Вумбранде, находившемся в румынской тюрьме и о Кори Тен Бум, выжившей в концентрационном лагере в Германии, а также о многих-многих других христианах.

Как же такие взаимоотношения возможны? Ответ непрост, и нам придётся рассмотреть его в нескольких плоскостях.

БОГ, ДОСТУПНЫЙ ДЛЯ ЧЕЛОВЕКА

Первое – это то, что Он является таким Богом, Которого мы можем понять не во всей полноте, но в достаточной мере для того, чтобы чувствовать, что мы Его знаем. Бог Библии удивительно «человеческий» и человечный не потому, что Он таков, как мы, но потому, что мы подобны Ему, поскольку сотворены по Его подобию. Он делится с нами мыслями Своего разума, чувствами Своего сердца и намерениями Своей воли. Несмотря на то, что Он есть Дух, не имеющий физического тела, Писание не перестаёт говорить о Его лице, глазах, ушах, устах, ноздрях, руках, ладонях, персте, ногах и даже семени

(1Иоанна 3:9), это на случай, если вы мне не поверите). Даже наши физические органы соответствуют Его духовным действиям. Подобные аналогии описываются и часто отвергаются лишенными простоты учёными, находящимися под влиянием греческой философии, как «наивный антропоморфизм» (мышление о Боге как о человеческом существе). Однако они сами обычно заканчивают описаниями безличностного Бога, Который менее реален.

Ещё более важно то, что Библия представляет этого весьма «человеческого» Бога в активном взаимодействии с человеческими существами. Они отвечают Ему и Он отвечает им. Библейский портрет наших взаимоотношений, выраженный в символе глины, находящейся у горшечника, получил широкое недопонимание и неправильное применение, поскольку глина имеет такое же влияние на свой окончательный вид, как и горшечник (Иеремии 18). Если мы каемся в наших грехах (пересматриваем наше отношение к ним и отвергаем их), Он раскаивается (сожалеет) о Своём наказании.

Он даже готов изменить Свои действия в ответ на человеческую мольбу, как это обнаружили Моисей и Амос, что придаёт молитве совершенно иное значение. Библия полна диалогов, бесед между двумя личностями и даже споров (хотя Он всегда побеждает, как это понял Аввакум).

Наиболее важно то, что в Иисусе Христе Бог действительно стал одним из нас. Это – Бог с человеческим лицом и даже полноценным телом. Бог уже не был только в наших представлениях, но на уровне осязания. Иисус Христос мог сказать: «... Видевший меня видел Отца...» (Иоанна 14:9). «Слово стало плотию...» (Иоанна 1:14). Он создан по нашему образу, в подобии физическом, еврейской национальности, мужского пола и даже в подобии плоти греховной (Римлянам 8:3). Когда Сын Божий стал Сыном человеческим (это его любимое выражение по отношению к Самому Себе), тогда не только божественность присоединилась к человечности, но и человечность присоединилась к божественности. Бог уже никогда не станет Тем, Кем Он был до этого. Человечество находилось вне Его существования, теперь же оно прямо внутри Него! Так много сделано неизменным Богом, живущим вне времени! Даже то, что Бог более всех отличается от нас, будучи единым в трёх Личностях, не мешает нашим взаимоотношениям, а помогает им. На своём весьма глубоком уровне Он сам являет в себе взаимоотношения. Так было всегда и всегда так будет. Имея намного больше общего, чем три человека когда-либо могли бы иметь, три личности: Отец, Сын и Дух Святой являют нам просто идеальный пример взаимного уважения, гармонии и размышлений – того, чем мы должны восхищаться и чему должны подражать. Этот пример простирается даже до добровольного подчинения (Дух – Сыну, Сын – Отцу). Жена подчиняется мужу, дети – родителям, сотрудники – начальству и все христиане – друг другу (Ефесянам 5:21-6:4). Сам Бог является доказательством того, что такие совершенные взаимоотношения возможны в нашем мире и за его пределами. Он сделал всё для того, чтобы и мы также могли их иметь.

Он желает иметь близкие взаимоотношения. Желает, чтобы мы знали Его так же, как Он знает нас (а Он знает даже количество волос на наших головах). Он хочет, чтобы и мы разделяли такие же совершенные взаимоотношения, какие Он имеет внутри Себя, друг с другом, а также с Ним. Как мы уже заметили, Бог создал нас потому, что наслаждался общением с Сыном настолько сильно, что пожелал иметь большую семью.

ДОСТУПНЫЙ БОГ

Весь смысл нашего существования заключается в том, чтобы мы «искали Бога, не ощутят ли Его, и не найдут ли» (Деяния 17:27). Но это не какой-то скучный и непосильный поиск. В Иисусе Христе Он взял инициативу на Себя, пришёл, чтобы искать и найти нас, и привел нас к Себе настолько близко, насколько возможно, не принуждая нас. Как написал апостол Павел, нам не нужно искать собственный путь в иной мир: либо в небо вверху, либо в ад внизу – другими словами, ожидать пока мы умрём, чтобы найти Его. Он настолько близок к нам, как близка произносимая нами речь к нашим устам, или сердцебиение – к нашим сердцам; настолько близок, что простое, но искреннее обращение к Нему с просьбой о спасении и прощении немедленно приводит нас в общение с Ним (Римлянам 10:1-3). Однако существует и предварительное условие: «... надобно, чтобы приходящий к Богу веровал, что Он есть, и ищущим Его воздает» (Евреям 11:6).

При всём этом невозможно не провести сравнение такого Бога и мусульманского Аллаха, заметив огромное различие между ними. Повторюсь, главный вопрос – не в том, верит ли человек в Бога (или нет), но в том, в *какого именно* Бога люди верят (или не верят). Глядя на спокойное море и чистое звёздное небо, один офицер, стоя у трапа корабля, сказал капитану: «Легко верить в Бога в такую ночь», на что услышал в ответ: «Да, в Бога, Который так холоден, как это море, и так далёк, как эти звезды».

Аллах – Бог, изолированный от всех. Ещё во «вневременной» вечности Он существовал сам, в абсолютном одиночестве. Даже после того, как сотворил нас, Он не имеет никого, кого бы мог любить и кто мог бы любить Его, поскольку любовь не является ни его именем, ни частью Его природы. Он и не показывает ни единого намека ни на чувство одиночества, ни на желание иметь взаимоотношения любви.

Аллах – удалённый Бог. Он находится высоко в небе, а не внизу на земле, трансцендентен (т.е. недоступен), а не имманентен (Эммануил, означающее «Бог с нами», не является его именем и не находится в списке из девяноста девяти его имён). Говоря философскими терминами, которые мы уже обсуждали, ислам исповедует деизм, а не теизм, говоря о Боге, Который сотворил весь мир, включая всё и всех, находящихся в нём, но не вмешивается в его ежедневные заботы. Ему это и не нужно, поскольку все события уже утверждены в Его суверенном предопределении. Всё, что мы могли бы и обязаны сделать, это «подчиниться» (это и есть значение слова мусульманин) тому, что уже определено.

Аллах – безмолвный Бог. Он говорил к людям, но к нескольким избранным, названным «пророками», да и то чаще не напрямую, но через ангела, посланного с неба на землю. Сейчас Он вообще безмолвствует, ничего не говоря нам на протяжении последних четырнадцати столетий, с момента Его последнего послания через Мухаммеда. Молиться ему можно, но нельзя ожидать, что он ответит устно. Эта беседа односторонняя.

Аллах – святой Бог. Это и всё, что можно сказать. Это – и начало, и конец. Поэтому Он очень сильно отличается от нас, и нам это трудно представить себе и понять. Мы всего лишь можем подчиниться Его воле, открытой нам, в надежде избежать ада и приобрести «рай», но даже это принесёт иные удовольствия, а не наслаждение от общения с Ним. Истинная любовь и дружба в некоторой степени зависят от того, как много общего имеют данные Личности между собой.

После всего вышеописанного вновь подчеркну, что написано лишь в сравнительной форме; упомяну о том, что многие мусульмане (особенно суфии) верят в личного Бога, с которым возможны и более близкие, даже родственные взаимоотношения. Они желают и ищут таких отношений, в основном, в области мистики. Но их религия – не в состоянии дать им желаемого по одной простой причине: она не берется решать самую главную проблему, блокирующую эти взаимоотношения, и, похоже, даже не знает о ней. Поэтому и не в состоянии предложить адекватное решение этой проблемы.

Ислам признаёт существование проблемы. Люди рождаются в состоянии невиновности и подчинения Божьей воле, а потому естественным образом являются мусульманами.

Однако большинство из них поворачивают на собственный путь решения жизненных вопросов, с гордостью заявляя о собственной независимости (вспоминается популярная песня «Я сделал это по-своему!»). Решением всех наших проблем являются наши усилия по познанию и исполнению божественной воли, так как это было открыто через пророка Мухаммеда. То, что мы полностью способны к такому послушанию и несём за него ответственность, будет показано в Судный день, когда все наши добрые и злые дела будут взвешены и оценены. И даже если чаша со злыми делами перевесит, мы всё ещё можем лелеять надежду, поскольку он милостив и сострадателен, хотя и сильно рассчитывать на это нельзя.

Итак, после такого рассудительного рассмотрения не похоже, что человек может иметь взаимоотношения, от которых веет чувством умиротворения и радости. Тональность всё ещё – не просто серьезная, а даже мрачная из-за недостатка уверенности в божественном благоволении. В христианстве, напротив, музыка является неотъемлемой частью богослужения и поклонения Богу, и в ней выражается полная радость от осознания присутствия Божьего и общения с Ним и с Его семьёй. И не только поклоняющиеся поют от радости, но так же поступает и Тот, кому поклоняются (Софонии 3:17), и ангелы присоединяются к ним. Такое празднование – результат того, что наша главная проблема диагностирована и решена.

Так почему же для многих людей трудно быть в настолько хороших отношениях с их Создателем? Почему это не приходит естественным образом? Почему между нами и Им существует такая большая пропасть? Почему так трудно построить мосты и перейти на другую сторону? Почему нам кажется, что Он нереален, или Ему всё равно? Почему кажется, что Он так далёк?

ДОБРЫЙ БОГ

Христианский ответ очень отличается. Одновременно с признанием наших «метафизических» различий (Он есть Бог, а мы – люди; Он – Небесный, а мы – земные; Он есть Дух, а мы – плоть; Он – безграничный, а мы – ограничены), мы понимаем, что настоящий барьер не в этом – не в качествах, а в различных отношениях, в характере, а не в устройстве. Христиане согласны с мусульманами в том, что наши проблемы находятся не столько в метафизической сфере, сколько в области морали, но рассматривают эти вопросы намного глубже, считая, что мы нуждаемся в намного более радикальном решении, чем просто изменение своего поведения, происходящего в результате дисциплинирования себя. Христиане просто не верят в то, что через эту пропасть можно построить мост со стороны человека даже сверхчеловеческими усилиями.

Одним словом, главной проблемой является несовместимость – проблема, с которой очень хорошо знакомы многие из женатых людей. Немногие осознают, насколько остро стоит этот вопрос, когда мы пытаемся установить личную связь с Богом. Есть в Божественной природе то, что противоречит человеческой, и наоборот. И в Нём, и в каждом из нас есть то, что не может соединиться так же, как не могут смешаться мел и сыр.

Если сказать проще, Бог – добрый и хороший, а мы – злые и плохие. Не так-то легко хорошему человеку подружиться с плохим, и чем лучше один и хуже второй, тем это сложнее. А насколько «хорош» Бог и насколько мы «плохие»? Где лежат различия, в степени (лучше или хуже) или в самых крайних точках (лучший и худший)?

Слово «хороший» так же, как и слово «любовь», используется в нашем языке чрезмерно часто до такой степени, что совсем теряет чёткий смысл: «хорошая собака», «хорошая еда», «хорошая погода». И этот список можно продолжать до «хороший мужчина» или «хорошая женщина» и «хороший Бог!» (последнее выражение при многочисленном повторении без смысла граничит с богохульством). Во всей полноте своего смысла (быть полностью хорошим – значит быть полностью свободным от всего плохого). Это выражение может относиться только к Богу. Когда один человек использовал это прилагательное, обращаясь к Иисусу Христу, Он немедля спросил: «Что ты называешь Меня благим (т.е. добрым, хорошим)? Никто не благ, как только один Бог» (Марка 10:18). На самом деле Христос спрашивал того человека: «Действительно ли ты считаешь, что Я – благ и считаешь, что Я – Бог?»

Бог Библии – это личность абсолютной чистоты и полноценности. Он сам должен соответствовать Своей сущности, и всё, что Он делает, также должно быть в согласии с ней. Поэтому есть много того, что Он просто не может сделать. Например, сказать ложь, нарушить Своё обещание, «выйти» из Себя (хотя Его гнев действительно очень страшен, но Он контролируется Богом и чётко направлен на объект гнева). Более всего, Он не может терпеть грех, порок и преступление. Невозможно, чтобы Бог абсолютной доброты оставался безразличным и ничего не делал относительно зла, наполняющего нас.

СПРАВЕДЛИВЫЙ И МИЛОСТИВЫЙ БОГ

Это и ставит Его перед глубокой проблемой. Как Он должен относиться к тем, кто с презрением отвергает Его любовь и нарушает Его законы, возбуждает Его гнев и загрязняет Его мир? Как относиться к тем, кто уничтожает Его детей и заслуживает Его наказания? Многие родители, хотя и в намного меньшей степени, испытывают подобную проблему, имея дерзких, своевольных, упрямых и не поддающихся воспитанию детей, не проявляющих абсолютно никакой благодарности своим родителям за их заботу о них. Для Бога эта проблема стоит более остро, так как Он одновременно справедлив и милостив.

С нашей точки зрения справедливость и милость обычно противоречат друг другу. Шлёпнуть или не шлёпнуть – вот в чём вопрос. Наказать или простить – это настоящая дилемма. Мы не можем совершить справедливое возмездие, не уменьшив при этом милости, и наоборот. Но Бог должен соответствовать Своей одновременно справедливой и милостивой сущности. Он не может просто «простить и забыть», как многим бы этого хотелось. Если смотреть на зло «сквозь пальцы» и не наказывать его, это только будет поощрять злодея на продолжение злодеяний. Справедливость должна быть удовлетворена в мире морали, а также и милость – в мире любви.

Библия повествует нам о том, как Бог решил эту дилемму. К Писанию часто относятся как к сборнику, содержащему решения наших проблем (вы знаете о таком подходе: если вы одиноки – читайте главу X, если в депрессии – читайте главу Y и т.п.). Но на самом деле оно говорит о решении Его проблемы, и это самое гениальное решение!

Во-первых, Его справедливость приняла решение, что соответствующим наказанием для тех, кто избрал разрушительные действия по отношению к себе, к другим людям, и к Его творению будет ограничение их жизни на этой земле, чтобы они не вечно продолжали портить то, что Он создал, и мешать достижению Его целей. Говоря проще, грешники не заслуживают вечной жизни. Они заслуживают смерти. Смерть – это не что-то естественное для людей, поэтому мы так ненавидим её и, насколько только возможно, стараемся отложить ее на более позднее время. Это – юридический приговор относительно того, как мы живём.

Как же тогда справедливость может требовать смерти человека, а милость отменить такой приговор для этого же человека? Это невозможно. Но Бог согласен принять смерть невинного вместо виновного в качестве адекватной компенсации, чтобы загладить вину и таким образом, удовлетворив справедливость, освободить виновного. Невиновный умирает, а виновный живёт. Другими словами: «... без пролития крови не бывает прощения» (Евреям 9:22).

Этот принцип проходит через всю Библию, но по-разному применяется в Ветхом и Новом Заветах. Бог раскрыл его евреям простым способом, научив их убивать животных, которых нужно было предварительно выбрать на основании непорочности их тел, чтобы они «искупили» грехи людей. То, что Бог решил принимать эти приношения и жертвы, было некоторой уступкой с Его стороны, поскольку Он знал, что животное не является адекватной жертвой за человека, и не в последнюю очередь потому, что эта жертва не была добровольной с ее стороны, но ещё более важно, что она, хотя и была без порока телесно, но не была морально совершенной. Что было необходимо – это принести в жертву безгрешного человека, который бы добровольно принял смерть за грешников. Только где можно было бы найти такого?

Человечество никогда не смогло бы представить такую личность. Будучи рождёнными далёкими от совершенства мы, похоже, с самого начала жизни сопротивляемся доброму и имеем склонность к злу. Даже актёры предпочитают играть плохие роли, так как находят более трудным убедительно сыграть роль хорошего человека. Похоже, что мы находимся под воздействием закона моральной гравитации. Как бы усердно мы ни старались избежать силы его притяжения, ни один из нас ещё не имеет в этом успеха. Мы можем спасти кого-то от смерти, совершив «величайшую жертву» из-за нашей привязанности к нему, но это лишь на некоторое время. Да и всё, чего мы сможем достичь, – это лишь отложить исполнение их приговора.

Только Бог мог найти такую Личность, послав в наш мир Своего Единородного Сына. Он пришел добровольно, избрав для нашей пользы стать человеком таким, как мы, родиться в весьма скромной обстановке, принять невысокое социальное положение и простой стиль жизни. Его главной целью было не научить людей благородному образу жизни или показать пример, как жить подобным образом, хотя Он достиг и того, и другого. Очевидно, что эта цель не состояла в том, чтобы начать новую религию, хотя в результате Его служения это и произошло. Его главной целью было восстановление взаимоотношений между Богом и людьми через приношение Самого Себя в жертву вместо нас, чтобы искупить наши грехи.

Он пришёл умереть и сделал это на ранней стадии Своей жизни, прожив намного меньше, чем половину срока, возможного для обычного человека. Он приготовил время, место и причину Своей смерти тем, что Своей праведностью бросил вызов плохим людям, которые были весьма обеспокоены ею. Смерть наступила в присутствии большого числа людей, была болезненной и унизительной, поскольку это был вид казни, назначаемый самым ужасным преступникам. Даже распинавшие Его люди признавали вопиющую несправедливость, совершаемую по отношению к Нему. И Бог ничего не сделал, чтобы остановить это! На самом деле Он запланировал это, как единственно возможное решение Его собственной проблемы. На основании того, что справедливость была удовлетворена, Бог уже мог освободить виновных, Он мог «оправдать» Себя, а также и их, мог простить и восстановить нарушенные взаимоотношения, принять их так, как будто бы они никогда не были отчуждены от Него.

Таким образом, с Его стороны все условия прощения были выполнены, но с нашей стороны оставались еще необходимые шаги для того, чтобы принять переданное нам. Несмотря на то, что жертвы Христа достаточно, чтобы искупить всё человечество, она не будет действовать в жизни ни одного человека без его добровольного согласия и сотрудничества. Два основных требования, которые мы должны со своей стороны выполнить, – это покаяние и вера. Покаяние включает в себя *мысль* (исследование себя в свете Божьих стандартов и понимание того, насколько мы не правы), *слово* (признание наших грехов перед Ним и просьба о прощении) и *дело* (избавление от всего, что было неправильным, и восстановление того, что можно исправить). Вера же включает в себя *доверие* (убеждённость в том, что Иисус Христос взял наши грехи на Себя) и *послушание* (делать то, что Он повелевает нам, в первую очередь, принять крещение).

И всё же, это решает Божью проблему лишь наполовину. Взаимоотношения восстановлены. Человек прощен за своё прошлое, оправдан в Божьих глазах, усыновлен, принят в Божью семью и теперь может называть Бога «Отцом». Но Бог продолжает ненавидеть грех, хотя и любит грешников. То, что до нашего обращения оскорбляло Его, вызывало Его гнев и даже внушало отвращение, будет продолжать вызывать ту же реакцию Бога, будучи эффективным разрушителем уже восстановленных взаимоотношений.

Как нам предотвратить это? Ответ: мы не можем! Старые привычки могут подорвать произошедшие изменения. Нам известны собственные слабости. Мы очень легко можем вернуться к нашему прежнему образу жизни, как «... пёс возвращается на свою блевотину, и вымытая свинья идет валяться в грязи» (2 Петра 2:22), а предыдущий стих категорично заявляет: «Лучше бы им [отпавшим верующим] не познать пути правды, нежели, познавши возвратиться назад от преданной им святой заповеди».

Бог решил и эту часть проблемы, поскольку знал, что мы нуждаемся в спасении от силы будущих грехов так же, как и от вины за сделанное в прошлом. И так, как мы нуждаемся в Спасителе, умершем за нас, так же нуждаемся и в Господе, Который будет жить для нас. Поэтому после того, как Бог позволил Христу совершить наивысшую жертву, чтобы приобрести прощение для нас, Он воскресил Его из мёртвых, в одно мгновение обратив вспять приговор, вынесенный человеку на Божьем суде («слишком плох, чтобы жить») и вынес Свой собственный вердикт («слишком хорош, чтобы Его тело осталось разлагаться в гробнице»). Евангельским верующим особенно необходимо напоминание о том, что распятие без воскресения не может спасти нас от наших грехов (1 Коринфянам 15:17).

> «Ибо, если, будучи врагами, мы примирились с Богом смертию Сына Его, то тем более, примирившись, спасемся жизнию Его!»
>
> (Римлянам 5:10)

Когда Иисус Христос был на этой земле, эффект от Его безгрешного присутствия был сверхординарным. Люди находили невозможным даже размышлять о грехе в Его присутствии. Чем лучше они познавали Его, тем больше желали быть такими, как Он.

ВЗАИМООТНОШЕНИЯ

Искушения увядали перед Ним. Проститутки и рэкетиры оставляли свои злые пути после встречи с Ним. Пусть читатели спросят сами себя, как бы поступили, если бы обнаружили, что Иисус Христос был в той же комнате, где они просто размышляли о чем-то, зная, что Ему это не понравится. Один только взгляд Его глаз сразу уничтожил бы все греховные фантазии.

Всё это было при видимом физическом присутствии Христа с людьми, что сейчас невозможно, а потому не может удовлетворить наши нужды. Даже после Своего воскресения Иисус, всё ещё находясь в теле, одновременно мог быть только в одном месте (Эммаус, Иерусалим или Галилея, но не во всех трёх местах одновременно). Если бы Он оставался на земле, то за Свою жизнь мог бы спасти небольшое число людей – тех, кто мог бы постоянно находиться близко к Нему. Было необходимо, чтобы Он ушел и был заменен Кем-то, Кто был бы не столь ограничен в пространстве, и Кто был бы с Его поклонниками везде, куда бы они ни пошли.

Пришел Дух Святой, третья Личность Святой Троицы, «другой Утешитель» (можно перевести этот термин как «находящийся рядом», поскольку греческое слово буквально значит «призванный быть рядом»), Тот, Которого Иисус Христос обещал послать вместо себя. Он делает намного больше, чем просто находится рядом. Поскольку Он – Дух, то может войти внутрь человека, и не только сделать жизнь Иисуса Христа видимой для него, но и спроецировать эту жизнь на характер верующего. Ведь именно Он был той действующей силой, что стояла за проповедями и чудесами Христа, присоединившись к Нему после крещения, которое Иисус совершил в возрасте тридцати лет. Человеку Иисусу нужна была такая сверхъестественная сила, поскольку совершенную чистоту Он уже имел. Нам же необходимо получить и то, и другое. Эти качества Новый Завет называет «дарами» и «плодом» Духа. Тот Бог, Который заповедал нам: «Будьте святы, потому что Я свят» (Левит 19:2 и 1 Петра 1:16), дал нам всё необходимое для того, чтобы мы могли быть послушны Ему. Это Он совершил, предложив наполнить нас Духом Святым. Кающийся грешник нуждается в двух крещениях: он должен быть крещен Духом и водою, чтобы иметь рождение свыше – «от воды и Духа» (Иоанна 3:5 и Титу 3:5, см. также мою книгу «Настоящее рождение христианина» «Normal Christian birth»).

БОЖЬЕ ЕВАНГЕЛИЕ

Всё это является выводом в расширенном плане христианского Евангелия, Доброй Вести о том, что мы можем быть освобождены и от вины за прошлое, и от силы греха в будущем, для того чтобы беспрепятственно наслаждаться близкими взаимоотношениями с Творцом, не задаваясь вопросом, проявит ли Он к нам справедливость или милосердие, зная, что Бог, в соответствии со Своими уникальными качествами, совершил и то, и другое. А мы спасены от наших грехов благодаря действию всех трёх Личностей Троицы, Которые сотрудничают вместе, в совершенной гармонии внося разный вклад в это великое дело. И всё это ради нас. Бог, Который над нами, возле нас и в нас, достиг того, что мы никогда не смогли бы сами достичь для себя. Совершилась тесная связь между божественным существом и человеческими существами как на личном, так и на совместном уровнях. Земля и небо встретились в Иисусе Христе, и теперь они соединены в любви.

Очевидно, что понятие о Троице лежит в основе Евангелия. Если бы его не существовало, то отношения распались бы. Без этой Доброй Вести религия становится плохой вестью, дополнительным бременем, которое приходится тащить дополнительными обязанностями, которые необходимо выполнять; становится тем, что мы должны нести, вместо того чтобы она носила нас; подчеркиванием того, что мы должны сделать для Бога, вместо того чтобы сконцентрироваться на том, что Бог может сделать для нас.

В исламе нет такой доброй вести. Справедливость и милость приписываются Аллаху, но он должен выбирать между ними. Вопрос их противостояния не был решён. Он не может одновременно быть и справедливым, и милосердным, и не может проявить и то, и другое по отношению к одному и тому же человеку. И ни один не может в этой жизни быть уверенным в том, куда Аллах поместит его в будущей жизни (за исключением тех, кто умрёт во имя Аллаха по своей воле, или же кто-то лишит его жизни). О прощении говорится как о снисходительности, а не о примирении, о том, что грехи сняты самим Судьёй, вместо того чтобы объяснить её на примере объятий любящего Отца, протянувшего руки к Своему долгожданному блудному сыну. Ислам не видит никакой нужды в жертвенной смерти, чтобы искупить грешника. Прощение грехов, по мнению ислама, возможно и без пролития крови.

Описание жизни Христа, находящееся в Коране, соответствует такому мнению. В то время как Его безгрешность признаётся (что является контрастом по отношению к жизни Мухаммеда, который признавал свои грехи и просил за них прощения так же, как и другие люди), в то же время вы не найдёте связи между его моральными качествами и жертвоприношением, и потому не уделено особого внимания его смерти. Коран даже предполагает, что распятие Христа вообще не произошло, а кто-то, будучи очень похожим, был ошибочно взят вместо Него (одной из предполагаемых личностей является Иуда Искариот). Также не упоминается о воскресении Христа, а упоминается только о Его восхищении.

Что касается Духа Святого, то «оно», а не Он, похоже, менее заметен для мусульман, чем сатана или злые духи, которые повсеместно представлены, как источник проблем.

Итак, что христиане могут предложить мусульманам из того, что не смогут найти в их вере? Одним словом, Евангелие! Но будут ли они заинтересованы и увлечены им, в значительной мере зависит от того, насколько заметны взаимоотношения самих христиан с их Богом. Ислам побуждает христиан проявить эти взаимоотношения, которые должны быть особыми.

Взаимоотношения должны быть *личными*. Их должен иметь «я», а не «мы». Когда одного моего знакомого спросили, почему он так уверен в том, что Иисус воскрес из мертвых, тот немедленно ответил: «Ну... я с Ним разговаривал сегодня утром». Такое искреннее свидетельство может сыграть главную роль в привлечении внимания к Евангелию. То, что Он сказал *мне* и сделал *для меня*, может быть по-настоящему впечатляющим, особенно если об этом говорится не наигранно, а искренне.

Эти отношения должны быть *настоящими*, а не чем-то таким, что было реальным много лет назад, а сейчас уже куда-то ушло. Все взаимоотношения нуждаются в том, чтобы их поддерживали, уделяя достаточно времени для личного общения. Крещение Духом Святым, произошедшее в прошлом, не будет много значить, если человек не водим Им сегодня, не руководствуется Им и не получает от Него силу для решения сегодняшних вопросов. Слишком много свидетельств современных христиан сфокусированы на далёком прошлом.

Эти отношения должны стать приоритетом номер один, важнее всех остальных, даже самых близких и дорогих. Они должны стать первыми в распределении времени, денег, сил и всех остальных ресурсов. Такая лояльность чётко проявляется только тогда, когда нужно сделать выбор, потому что возникают различные нужды, которые невозможно восполнить одновременно, или когда необходимо противостать давлению общества.

Вышесказанное справедливо не только для личных взаимоотношений, но и для совместных, разделяемых с другими христианами отношений с Богом и друг с другом. Гармония, находящаяся внутри Троицы, должна стать заметной этому миру через Церковь.

Наша любовь друг к другу является жизненно важной составляющей нашего благовестия этому миру (Иоанна 13:35) и очевидным доказательством того, что мы находимся в отношениях любви с Богом (1 Иоанна 4:20). Несколько столетий назад первые христиане удивляли тех, кто за ними наблюдал, своей жизнью так, что те восклицали: «Смотрите, как эти христиане любят друг друга». Задача сегодняшних христиан вызвать подобные высказывания.

Достаточно сказано? Не совсем. Есть такие аспекты взаимоотношений любви (например, брачных), которые нельзя открывать глазам публики, но должно хранить в секрете, не в последней мере для того, чтобы не вкрались иные мотивы.

Христос предупреждал, чтобы личная христианская жизнь не выставлялась напоказ, включая упражнения в даянии, молитве и посте (Его слова о «молитвах на углах улиц» вспомнились мне, когда я жил в Аравии). Это и подобное должно быть сделано только для одного единственного – своего любимого Бога.

Мы можем пойти дальше и заметить, что влияние общественной части нашей христианской жизни и взаимоотношений в значительной мере зависит от качества нашего личного общения с Ним. Люди быстро распознают, если близкие отношения между мужем и женой, показываемые ими в обществе, не соответствуют гармонии, которая должна быть между ними, когда они остаются наедине.

Если христианство – это религия, основанная на взаимоотношениях, её Основатель желает, чтобы именно эта часть была видна больше, чем «религиозные» аспекты. Однако существует ещё один жизненно важный элемент в демонстрации Евангелия – это праведность.

10

Праведность

Во-первых, иудаизм, христианство и ислам имеют согласие относительно трёх фактов, связанных с праведностью. Во-первых, Бог праведен в Себе Самом. Одним словом, Бог добр. Его характер является совершенством морали. Его воля является первоисточником всех стандартов морали, критерием в определении, что является абсолютно правильным и абсолютно неправильным. Он не может ничего подумать, почувствовать, сказать и сделать из того, что было бы неправильно. На Него можно положиться, что Он будет делать только то, что правильно. В Его воле нет никаких случайностей или несправедливости. Однажды Авраам, на которого взирают все три вышеперечисленные вероисповедания, в молении о праведном остатке, находящемся в Содоме, сказал Богу: «... Судия всей земли поступит ли неправосудно?» (Бытие 18:25). Бог, Который не всегда поступает правильно, утратит Своё право и власть судить тех, кто поступает неправильно.

Во-вторых, Бог требует, чтобы и мы были праведными. Он дал каждому человеческому существу понимание различий между добром и злом, необходимость принять правильное решение и остерегаться неправильного. Он сделал это, вложив в каждого из нас совесть, которая чаще всего действует в ретроспективе, производя в нас чувство вины и стыда, когда мы нарушаем то, что она говорит. Это – Его «естественный» закон, вложенный внутрь человека. Он подобен тому, как действует магнетизм Северного полюса на компас, и весть его может отличаться в зависимости от социального влияния, но он всё еще достаточно надежен в том, чтобы указать нам на правильное направление. Например, практически любое общество во всей истории человечества осуждало кровосмешение. Однако некоторым людям Бог дал дальнейшие внешние указания, подобные Десяти Заповедям, которые добавляют ответственность и привилегии тем, кто получил это откровение. Особенным образом Его моральные стандарты были явлены через уста и жизнь Иисуса Христа, Его Сына и нашего Господа.

В-третьих, Бог накажет неправедных. Его суд будет абсолютно справедливым в соответствии со знаниями, полученными через совесть, заповеди или Христа. Это и есть совершенный ответ тем, кто пытается обвинить Бога в несправедливости, задавая вопрос: «А что будет с теми, которые никогда не слышали?» (см. Римлянам 2:12-16). Все слышат свою собственную совесть, но кто может заявить, что всегда слушался её? Большинство из нас более готовы к тому, чтобы применить сказанное к другим, а не к себе, только для того, чтобы осудить их за то, чему они попустительствуют в самих себе. Грядёт День суда, в который будет открыто всё. Так как Бог – праведный Бог, наша Вселенная моральна. Рано или поздно грех, зло и преступления получат воздаяние. Никто не избежит этого.

Тот факт, что Бог настолько терпелив, так медлен на гнев, что не наказывает злодеяние немедленно, а иногда даже в этой жизни, убаюкал многих и дал им ложное ощущение безопасности и отсрочку, которую они желают использовать сполна. Они совершенно неправильно поняли причину, по которой Он откладывает суд: дать им шанс раскаяться в своих делах. Иудаизм считает, что наказание придёт перед смертью, в смысле временных страданий. Ислам и христианство соглашаются с тем, что, хотя некоторые последствия могут проявиться уже в этой жизни, всё же, главное наказание будет после смерти, в виде вечного наказания в адском огне. (Хотя, как мы уже заметили, многие христиане игнорируют и даже отвергают *учение Христа* на эту тему (см. Матфея 5:22, 29-30; 13:42; Откровение 14:11; 20:10), последние стихи тоже относятся к «откровению Иисуса Христа» (Откровение 1:1)).

По этим трём вопросам все три религии согласны. На этом их согласие заканчивается, и начинаются огромные различия. Два из них особенно важные – это различия в степени, а именно: *в стандартах* праведности и в виде – *в источнике* праведности.

СТАНДАРТЫ ПРАВЕДНОСТИ

Вопрос прост: насколько хорошими мы должны быть для того, чтобы «сдать экзамен» в тот день, когда каждый из нас должен будет дать отчёт о том, как мы жили?

Насколько строгими окажутся стандарты, по которым будет измерена наша жизнь? Это – главный вопрос любой религии.

В сравнении с остальными, ислам даёт самый лёгкий ответ. С одной стороны, в нём сравнительно немного моральных стандартов; их легко объяснить и понять. Они отражают простоту жизни в пустыне, в которой были записаны четырнадцать столетий назад. Они представляют собой основные правила, управляющие личной и общественной жизнью.

С другой стороны, они вполне могут быть исполнены обычными людьми с некоторой степенью решительности и самодисциплины. Ожидания обоснованные и выполнимые. Частью привлекательности ислама является то, что его требования находятся в сфере достижения среднего мужчины или женщины, даже если на практике они выглядят неудобными, надоедливыми и раздражающими.

Более того, стандарты, которые будут использованы в день суда, являются относительными, а не абсолютными. Решение будет принято в соответствии с балансом добрых и злых дел. «Хорошие» дела будут положены на одну чашу весов справедливого суда, а плохие – на другую. Какая сторона перевесит, так дело и будет решено, хотя и здесь есть ещё надежда на то, что «сострадательный и милосердный» Бог сделает небольшую поблажку, в случае если хорошая сторона не перевесит плохую. Пятьдесят один процент – безусловно, приемлемая цифра, и сорок девять, возможно, окажется таковой.

Иудаизм – значительно сложнее. Здесь также существуют законы, управляющие индивидуальными и общественными аспектами поведения. Эти законы были даны через Моисея. Законов много, но существуют десять главных, и к ним 603 закона, объясняющих их и определяющих их применение. Толкования к ним, созданные раввинами, добавляют ещё больше деталей. Яркий тому пример – закон о «субботе». Уже в дни Иисуса эти законы обросли настолько абсурдными идеями, что Он отверг их как учения человеческие, а не учение Божие. Даже сегодня существуют странные различия между нажатием кнопки лифта (это действие находится в списке запрещённого «труда») и возникающей из-за этого необходимостью взбираться по лестнице на высокие этажи (что не считается трудом!). Даже если проигнорировать эти маловажные запреты, то остаются первоначальные Богом вдохновенные законы, которые настолько сложны, что их весьма трудно выполнить всем, кроме особо посвящённых. «Грешник» – это необязательно плохой человек, им может стать тот, кто просто уже сдался и перестал пытаться исполнять все заповеди.

ПРАВЕДНОСТЬ

А исполнять их все во всякое время и на всяком месте – это именно то требование, которое заложено в Моисеевом законе, и это то обещание, которое Израильский народ взял на себя как их сторону завета, совершенного на горе Синай (Исход 19:5; 24:3). При этом народ знал, что Бог проклянёт их, если они не будут исполнять весь закон (Второзаконие 27:26). В нём предусматривалось решение вопроса о ненамеренных преступлениях (искупительные жертвоприношения, описанные в книге Левит, главы 4-5), но действие этих жертв не распространялось на добровольное и преднамеренное непослушание. Строгие санкции, включающие смертную казнь, предписывались как минимум за пятнадцать преступлений, которые касаются личности человека, утраты земли и защиты всех людей в целом.

Современный иудаизм встретился с проблемой потери храма, священства и системы жертвоприношений. Даже ненамеренный грех потерял возможность искупления.

Его богословие было адаптировано, чтобы решить возникшую проблему, и теперь оно больше похоже на ислам, чем на христианство. Теперь считается, что Бог может простить грех и без искупительных жертвоприношений. Этот акт не сопровождается пролитием крови, а с нашей стороны требуется только покаяние. Ежегодный «день искупления» (с присущим ему «козлом отпущения» и кровью тельцов и козлов, Левит 16 глава) стал днём покаяния. В Израиле главный раввин перечисляет все грехи, совершённые за предыдущие двенадцать месяцев – список, который всегда включает неосторожное поведение на дороге (народа, который научился ездить на танках!).

На практике, всё превратилось в старание поступать как можно лучше и надежду на то, что Бог покроет всё остальное, но это – совсем не так, как в вышеописанном подходе: «Хорошее должно перевесить плохое». Некоторые, конечно же, стараются больше, чем другие, но большинство евреев удовлетворились компромиссным решением, способным удерживать совесть «в своей конуре». Для многих Тора стала списком культурных традиций (обрезание, суббота, кошерная пища и т.п.), предназначенных для сохранения отличительных черт народа, а не требований морали (чтобы угодить Богу). Но завет с Богом остаётся так же, как и абсолютная невозможность даже для самых посвященных исполнить всё, что было заповедано через Моисея. Это – та дилемма, которая лежит в основе их религии.

Христианство – сложнее всех религий. Иисус Христос повсеместно признаётся великим, даже величайшим Учителем морали, и, если бы мы жили по Его установлениям, то очень скоро бы наш мир стал намного лучшим и более безопасным местом для жизни. Его «Нагорная проповедь» (Матфея, главы 5-7) признана наилучшей моделью поведения общества даже таким нехристианским деятелем, как Ганди в Индии.

Однако, в то же время от учения Иисуса Христа отказываются, как от чего-то непрактичного, поскольку оно предназначено для идеального мира, а этот мир, очевидно, таковым не является. Говорят, что оно весьма противоречит «естественным инстинктам» – таким, как чувство самосохранения, и не приносит другого плода, кроме как увеличения комплекса вины у каждого, кто только попытается удовлетворить требования этого учения.

Возьмите, к примеру, половые отношения, составляющие значительную часть нашей внутренней жизни и всё возрастающую тему для обсуждения в общественной жизни, что легко приводит к искажениям в обеих сферах. Христос учил о необходимости соблюдать полное целомудрие (никаких половых отношений до брака) и абсолютную супружескую верность (никаких половых отношений вне брака). Подвергнув критике закон Моисея за некоторые уступки человеческой природе и его компромисс к Божьим намерениям, он настаивал на моногамии (один брак для одного мужчины и одной женщины на всю жизнь до тех пор, пока смерть не разлучит их), и осуждал полигамию в любом виде как одновременную, так и последовательную, поскольку говорил о повторном браке как о прелюбодеянии (Луки 16:18).

Более того, Он расширил границы требований морали, включив в них внутреннее отношение в дополнение к внешним действиям. Теперь грех прелюбодеяния включает в себя взгляд очей, даже фантазии и мысли, проистекающие из похотливых желаний. Грех убийства включает в себя оскорбительные слова и мысли с ненавистью. Очевидно, что Он основывал это на принципе: всё, что Бог видит, Он должен судить. Мы можем спрятать наши сокровенные мысли и чувства от других людей, но не от Того, для Которого одинаково легко сделать что-либо внутри нас, в нашем воображении и вне нас, в реальности «умственной и эмоциональной», существующей настолько же реально, как и физическая.

За этим стоит ещё более важный принцип. Моральность, ожидаемая от Его творения, – такая же, как и у Самого Творца. Мы сотворены по Его подобию, чтобы поступать подобно Ему. Измерение наших моральных качеств жизнью других людей, особенно жизнью тех, кого считаем «хуже» себя, («... благодарю Тебя, что я не таков, как прочие люди, грабители, обидчики, прелюбодеи...» (Луки 18:11) – занятие довольно опасное, поскольку такие стандарты обманчивы. Только сравнивая с Богом, мы сможем оценить себя правильно («... выйди от меня, Господи! потому что я человек грешный» (Луки 5:8)).

Иисус заповедал Своим последователям: «... будьте совершенны, как совершен Отец ваш Небесный» (Матфея 5:48). При этом Он требует того же, что Бог уже сказал давно через Своего пророка Моисея, и что снова скажет после через Своего апостола Петра (Левит 19:2; 1 Петра 1:16). Другими словами, Бог не только совершен, но и является перфекционистом, требуя подобного во всём Своём творении, хотя в сегодняшнем своём состоянии оно не соответствует высоким стандартам и даже не в состоянии стать таковым. Как и всякого перфекциониста, несовершенство глубоко обижает Его, особенно если другие виновны в нём, разрушая всё то, что Его руки создали совершенным.

Мы даже представить себе не можем, какой гнев грех вызывает в Боге, и Библия описывает именно такую Его реакцию на моральное и физическое загрязнение нашей планеты.

Итак, что же Он собирается сделать по этому поводу? Ответ захватывает дух! Он собирается начать всё сначала, растворив всю вселенную в той энергии, из которой она была сотворена (в «огне», 2 Петра 3:10), создав совершенно новое пространство и планету Земля (значение слов «новое небо и новая земля» в Откровение 21:1, в противоположность «первым» Бытие 1:1). Они станут местом обитания правды (праведности, 2 Петра 3:13) и там всякое осквернение будет исключено навсегда. Ничто нечистое и никто нечистый не войдут туда (Откровение 21:27).

Итак, есть ли для нас какая-нибудь надежда? Даже если мы войдём туда, как прощеные грешники, то все испортим там для себя, для других, и, что самое главное – для Бога. Если главной целью окончательного суда является подбор подходящих людей, достойных населять это совершенное место и критерием является полнейшая праведность (проходной балл не менее чем 100%), тогда ни один иудей, мусульманин или христианин, и никто другой не могут ожидать этого дня с уверенностью и даже с малейшей тенью надежды. Тогда зачем стараться быть хорошим? Действительно, в этом нет никакого смысла, если мы стараемся именно с этой целью!

Только те, кто уже достиг такого понимания собственной безнадёжности в вопросе морали, может по-настоящему оценить различия в сути и степени между христианством с одной стороны, и иудаизмом, исламом, и, по сути, всеми религиями мира – с другой. Не только стандарты праведности, но и её источник имеют радикальные отличия.

ИСТОЧНИК ПРАВЕДНОСТИ

Каждая религия вне зависимости от её основ и целей имеет раздел в своём учении под названием «Что вы обязаны *делать*», приводящий к «Какими вы должны *быть*». В основе этого лежит воззвание к самостоятельным усилиям и самодисциплине, и предположение, что человеческая природа способна взобраться на высоты духовности к представляемой цели, и потому ответственна за успех и падение. Это может быть засчитано вместе с некоторой божественной или сверхъестественной помощью, но такая помощь будет дана в качестве дополнения к собственным силам и настойчивости.

Всё это представляет религию вида «сделай сам» как духовность своими силами, или, говоря богословским языком, спасение по делам. Даже закон Моисея, описанный в Ветхом Завете, который можно расценить как «делай это и живи», отличается от искупительного освобождения из египетского рабства. Ислам чётко попадает именно в эту категорию: праведность достижима человеческими усилиями. Святость – человечна.

И вот здесь есть две фатальные ошибки этого подхода. Первая – собственные старания ведут к самоправедности. Чем больше достижения, тем хуже становится результат! Этот подход неизбежно подогревает два неправедных отношения: *лицемерие*, (потому что ударение делается на внешнем исполнении «буквы» религиозных правил, в то время как попускается внутреннее непослушание их «духу»), и *высокомерие* (потому что чем больше достигаем, тем больше гордимся собой и тем больше наше презрение к тем, кто чего-то достиг, меньше – особенно к тем, кто даже не проявляет никаких стараний). Иисус осудил и лицемерие, и высокомерие фарисеев – самых ярких представителей самоправедности в Его дни. Отсюда и такие сверхординарные требования к Его ученикам. Он требует, чтобы их праведность превзошла праведность фарисеев (Матфея 5:20). Павел, который до своего обращения был праведным фарисеем, соблюдавшим все религиозные установления Моисея, смотрел на свои прошлые действия с крайним отвращением.

Люди подсознательно не любят самоправедность, но она представляет собой ещё и глубочайшее оскорбление Бога, который Сам смирил Себя, даже позволив людям публично унизить Себя. Всё это наиболее явно в воплощении и распятии Его Сына. Такого же отношения Он ожидает от всех нас (Филиппийцам 2:5-11). Именно такой Бог унижает гордых и возвышает смиренных. Он сделает так, чтобы «нищие духом» получили Царство Небесное и кроткие наследовали землю. Это – самая радикальная революция из всех, которые видела история человечества.

Не будет преувеличением заметить, что самоправедность, особенно в религиозной одежде, является для Бога большим оскорблением, чем грубый грех, частью потому, что она ведёт к самовосхвалению, самопрославлению и даже к самопоклонению, но также потому, что для такого отношения намного труднее найти лекарство. Те люди, которые понимают, что ведут плохой образ жизни, намного более расположены к принятию помощи, нежели те, кто думают о себе, что они праведны. По этой причине многие проститутки ухватились за предложение

ПРАВЕДНОСТЬ

Христа принять жизнь вечную в Царстве Его, в то время как фарисеи держали себя подальше от Него и роптали, на что Иисус ответил им: «... не здоровые имеют нужду во враче, но больные... Ибо Я пришел призвать не праведников, но грешников к покаянию» (Матфея 9:12-13). Здесь Христос пользуется тем мнением, которое фарисеи имели о самих себе. Он же видел их как «гробы окрашенные»: красивых снаружи, но внутри полные всякой нечистоты.

Другой, еще более фундаментальной ошибкой в поиске «собственной праведности» (как апостол Павел называет это в Послании к Римлянам 10:3, когда он применяет эту фразу к Иудейской религии), является то, что она никогда не сможет достичь своих целей. Это так, *если* единственным истинным Богом является Бог Библии, Который ожидает, что мы будем также праведны, как Он. Чем больше достижения человека, тем сложнее становятся его новые достижения, и кажется, что цель отдаляется. Только те, кто приложили максимум усилий, подобно апостолу Павлу и монаху Лютеру, были ошеломлены безнадежностью своих стараний. Рано или поздно осёл, который не в состоянии достать морковь, разочарованно прекратит свои старания!

Библия не ограничивает определение греховности только лишь различными извращениями, преступлениями и тиранией, как это склонны делать мы. Быть злодеем – значит быть неблагочестивым и неправедным, как написано: «Все согрешили и лишены славы Божьей» (Римлянам 3:23, в англ. переводе «не достигли славы Божьей»); то есть, это значит – быть не способным отражать всю полноту праведности Бога, по образу Которого мы были созданы. Не имеет значения (опять Римлянам 3:23), сколько нам не хватает до праведности Божьей: несколько сантиметров или много километров. Нам всё равно это не поможет как человеку, который, находясь в опасности быть смытым приближающимся приливом, пытается допрыгнуть до безопасного места. По Божьим стандартам мы всё равно оказываемся неправедными и неподходящими для будущей Вселенной, которую Он запланировал.

Ясно одно. Источник праведности, которую требует от нас Бог, не может находиться в человеческой природе. По всему миру признан факт, что «никто из нас не совершен» и не может рассчитывать стать таковым. Такое утверждение может успокоить нашу совесть, но никак не может удовлетворить Бога. Ситуация безнадёжна, если только мы не сможем найти другой подходящий источник, находящийся вне нас.

Христианское «Евангелие», или «Добрая Весть» восполняет нашу нужду. В её основе лежит утверждение, что такой источник существует, и находится он не в человеческой, но в Божественной природе. Как бы невообразимо это ни казалось, мы, всё же, можем приобрести *Божью* праведность! Поэтому-то апостол Павел не стыдится Евангелия. Он уверен, что оно может освободить нас от всякой нашей неправедности, особенно потому, что в нём открывается «праведность Божья» (Римлянам 1:16-17). Заметьте, что он не начинает Евангелие с любви Божьей, но всегда говорит о ней позже.

Продолжая своё учение, Павел, на удивление, и даже, можно сказать, парадоксально переходит к ненависти Божьей по отношению к греху и к Его святому гневу. Однако, как справедливо заметил миссионер и епископ Стефан Нейл, «Благая Весть вначале должна быть плохой вестью, чтобы впоследствии стать Доброй Вестью». Подобно ювелирному изделию, которое лучше всего выглядит на черной ткани, Божий гнев, направленный против всего, что есть в нас неправедного, является противоположной стороной Его благости и доказательством Его праведности.

ПРАВЕДНОСТЬ

Его гнев может быть замечен нами («открывается с небес») в два этапа. Подобно как при кипячении молока в кастрюле вначале появляется пена, состоящая из мелких пузырьков, она растёт почти незаметно, и если не наблюдать за ней внимательно, то внезапно выплеснется через край с очень неприятными последствиями. В настоящее время мы можем наблюдать Его гнев в виде возрастающей «пены» гомосексуальной активности и многих других антисоциальных действий – особенно в тех, которые разрушают брак и семейную жизнь (если вы хотите увидеть полный список, прочтите Римлянам 1:18-32 вместе с Воскресной газетой бульварных новостей). Однажды Его гнев прольётся в полной мере. Это событие в Новом Завете названо «День гнева». Вся неправедность получит страшное наказание, но, поскольку неправедность не существует сама по себе, а есть только конкретные неправедные люди, то этот день станет страшным и ужасным событием для многих.

К такому выводу пришел Мартин Лютер, который, будучи монахом-аскетом, в своих отчаянных попытках стать праведным молился, постился и даже бичевал себя. Мысли о праведном Божьем гневе устрашали его. Когда же он изучал и преподавал послание апостола Павла к Римлянам, ему открылась истина о том, что Бог являет нам Свою праведность совершенно иным путём – таким прекрасным способом, что наполняет нас радостью и благодарностью.

Если говорить кратко, то Бог не требует *от* нас *нашу* праведность, но предлагает *нам Свою*. В совершенстве зная о нашей полной неспособности соответствовать Его требованиям, Он пожелал исполнить ее Сам за нас и в нас, не понижая Своих стандартов, но поднимая нас на их уровень; не становясь менее истинным по отношению к Самому Себе, но делая нас настолько же хорошими, как Он Сам.

Евангелие лучше описать не фразой «Ты *должен* быть святым», а «Ты *можешь* быть святым». Это – просто великолепная весть, а не просто хорошая. Большинство людей в глубине своих сердец желают стать лучше, чем они есть. Теперь им можно сказать, что их мечта может осуществиться не с помощью каких-то попыток, но путём доверия. Я наблюдал трансформирующую силу такого Евангелия в различных местах: от тюрем строгого режима – до цыганских поселений. То, что Бог хочет поделиться с нами Своей праведностью и освободить нас от бесплодных стараний в попытке улучшить праведность нашу, является самой лучшей вестью, которую человек когда-либо может услышать. Его праведность несёт плохую весть для тех, кто хочет остаться плохим, и хорошую – для тех, кто хочет стать хорошим. Придёт тот день, когда оба эти желания будут необратимо воплощены в двух различных местах (Откровение 22:11).

Как Бог делится Своей праведностью с неправедными? Как Он делает плохих людей хорошими? Как Он превращает грешников в святых? Ответ состоит из двух частей, и для правильного понимания и достижения полного эффекта абсолютно важно, чтобы обе части рассматривались вместе и передавались вместе в рамках «полного Евангелия».

Бог делится с нами Своей праведностью вначале, вменяя её нам, а затем и наделяя нас ею. Техническими терминами обоих фаз являются слова «оправдание» и «освящение». Говоря простым языком, вначале Он относится к нам так, как будто бы мы стали хорошими, а затем делает нас настолько хорошими, как Его отношение к нам! Позвольте мне объяснить это.

ВМЕНЁННАЯ ПРАВЕДНОСТЬ

Мы пойманы в порочный круг. Бог не может наделить нас Своей праведностью до тех пор, пока мы не будем в правильных взаимоотношениях с Ним, но Он не может войти во взаимоотношения с неправедными людьми. Не может быть настоящих взаимоотношений между совершенно праведными и откровенно неправедными личностями.

Бог решил эту дилемму, основав взаимоотношения через путь содействия неправедным как праведным, объявив их «правыми» (значение слова «оправдание» – действие, подобное тому, как мы защищаем себя и свои действия, такие как расходование денежных средств или поздний приход домой). Это – юридический термин, первоначально использовавшийся для объявления узника невиновным, при этом он мог оставить помещение суда и вернуться с миром к своей семье. Проповедники приложили много усилий, чтобы доходчиво объяснить значение термина оправдание. Один из них сказал: «Бог принимает меня так, как будто бы я никогда не согрешал». Более всего мне нравится выражение, произносимое той разновидностью английского языка, который используется в Новой Гвинее: «Бог, Ты говоришь, что со мной всё в порядке». Конечно же, это и есть прощение, всегда являющееся неотъемлемой составляющей в восстановлении разрушенных отношений.

Но, может быть, всё это – юридическая фантастика? Вымысел заблудившегося разума? Как может Бог, в совершенстве знающий, что мы виновны, объявить нас невиновными? Разве не аморально обращаться со злодеями подобным образом? Что бы произошло, если бы родители и полиция последовали такому примеру?

Если бы Бог просто позволил нам «уйти от наказания», что, как многие полагают, и является прощением, то Он действительно действовал бы наперекор Своей сущности, не был бы справедлив по отношению к Самому Себе. Однако, все произошло не так.

Он смог совершить всё это только потому, что наказание уже было совершено. Справедливость уже была удовлетворена. Компенсация уже была внесена. Невинная жизнь, отданная добровольно, уже была взята и принята в качестве жертвы, достаточной, чтобы покрыть грехи всего мира. По-настоящему добрый Бог просто не мог принять виновных как невиновных до тех пор, пока невиновный не был принят как виновный.

Бог не пошёл на компромисс и, тем более, не вступил в противоречие с Самим Собой. Из-за того, что сделал Сын, Отец может снова принять нас в Свою семью. Избрав стать человеком, чтобы служить другим, восполнив их самую величайшую нужду, и приняв смерть молодым вместо того, чтобы жить до старости, Иисус Христос выполнил условие, которое мог бы выполнить только совершенный человек, Который также был и Божественной Личностью. Только благодаря Его жертве Бог может одновременно быть «праведным и оправдывающим верующего в Иисуса» (Римлянам 3:26). Это значит, что каждый может довериться Ему в полноте, уверовав в то, что Он был именно Тем, Кем Себя называл, а также в то, что Он сделал всё необходимое для того, чтобы освободить нас от нашего прошлого, и в то, что Он и в настоящее время делает всё необходимое, чтобы обеспечить наше будущее.

Остаётся ещё одно условие, которое может и должно быть выполнено с нашей стороны, перед тем как мы можем быть прощены, оправданы и «примирены с Богом». Это – совершить покаяние, которое включает в себя полный разворот от нашего греховного «я» к святому Богу, а также желание исправить всё, что необходимо, в соответствии с Его волей и под Его руководством.

Те, кто совершил описанное выше, теперь по воле Божьей находятся «во Христе». Наше греховное прошлое уже невидимо, покрыто Его праведной жизнью и смертью.

Как поётся в гимне, написанном Чарльзом Уэсли «Смело прихожу к Его вечному престолу... одетый в божественную праведность». Его праведность была «вменена» нам, потому что наша неправедность была вменена Ему. Такая замена может показаться чрезвычайно несправедливой нам, но для Бога это абсолютно справедливо. Мы можем лишь принять это с восхищением и благодарностью.

Но Благая Весть на этом не заканчивается. Увы, слишком многие христиане думают, что это всё. Они довольствуются вменённой им праведностью, в то время как Бог не удовлетворён этим. Он ещё должен наделить нас Своей праведностью, если мы хотим иметь качества, необходимые для жизни в той новой Вселенной, которую Он запланировал. Святость настолько же необходима, как и прощение (Евреям 12:14). Говоря богословскими терминами, освящение настолько же необходимо, как и оправдание для окончательного «прославления» (возможность иметь участие в славе Божьей в славном будущем (Евреям 2:10). Весьма просто выразил эту мысль автор гимна «На далёком холме»:

Кровь Иисуса Христа пролилась со креста,
Чтоб меня искупить от грехов.

Почему так много христиан этого никак не поймут? Частично это дело рук заблуждающихся евангелистов, которые, проповедуя толпам и отдельным людям, образно выражаясь, раздают билеты на небо в ответ на тридцатисекундную «молитву грешника».

Косвенно они уравнивают оправдание со спасением, хотя первое из них совершается во мгновение, а второе занимает всю оставшуюся жизнь. Глагол «спастись» используется ими только в прошедшем времени: «Я спасён», «Я был спасён десять лет назад», «В прошлое воскресенье три человека были спасены (получили спасение) в нашем собрании» и т.п., хотя Новый Завет использует этот глагол в трёх временах: в прошедшем (спасён), в настоящем (спасаемся) и в будущем (спасётся). Это ясно показывает, что необходим процесс, занимающий длительное время, а не мгновенное событие.

Следующими симптомами такого недопонимания являются чрезмерное подчёркивание дел Христа, совершённых Им в прошлом. Его распятию уделяется больше внимания, чем воскресению, изменении места, где Он совершает Свой труд сегодня («в наших сердцах» звучит больше, чем «в небесах», где Он сейчас находится) и выделение одного из Его дел в будущем, при невнимании к другому («мы пойдём в небо, когда умрём», вместо того, чтобы говорить и о том, что будем жить на новой земле после суда).

Более того, в их понимании возможна моральная самоуспокоенность, считающая допустимым длительную неспособность побеждать искушения, невзирая на Господнее обетование, допускать только такие искушения, которым мы способны противостоять (1Коринфянам 10:13). Также они мыслят о святости как о какой-то не обязательной дополнительной функции – качестве, которое может добавить нам бонус в виде вознаграждения на небесах, но не как о необходимом условии для приобретения нашего места в них.

В этой ситуации не поможет широко распространившееся клише «Спасён однажды – спасён навсегда». По стандартам Нового Завета, даже первая часть этой фразы ещё не полностью принадлежит христианам, тем менее – вторая. Однако она выражает традиционное протестантское учение, пришедшее к руководителям Реформации от католического епископа Августина, хотя обычно его называют «кальвинизм», по фамилии наиболее известного его представителя. Грубо говоря, спасение рассматривается как лента конвейера, движимая Богом. Однажды оказавшись на ней, уже невозможно сойти до тех пор, пока продукт не достигнет завершения. Говоря богословским языком, «оправдание» неизбежно должно привести к освящению, и в конечном итоге – к прославлению, потому, что ничто и никто не сможет сопротивляться безграничной силе и власти Бога. Некоторые даже утверждают, что Бог поместил вас на «путь спасения» вне зависимости от всякого выбора и действия с вашей стороны. При этом Его непостижимое «избрание» становится достаточно деспотичным в наших глазах. Итак, если вы были избраны и оправданы, вы уже «спасены» от всех грехов – не только от прошлых, но и от будущих. Аллилуйя! Небеса, вот я уже иду! В таком случае, как же получается, что многие начинают христианскую жизнь, но, это также очевидно, не продолжают жить так, как ее начали, чтобы прийти к соответствующему ей концу? Логика кальвинистов проста: «Они не были по-настоящему спасены, но сами себя обманывали». Разве это всё, что нужно сказать?

На тех, кто придерживаются иного взгляда, обычно вешают ярлык «арминиане», по фамилии наиболее известного проповедника подобного учения, датчанина Якова Арминия, который учился у француза Жана Кальвина в Женеве. Основываясь на восьмидесяти отрывках Нового Завета, предупреждающих об опасности потерять то, что мы имеем во Христе, и ещё большем количестве призывов стремиться вперёд и стараться иметь «святость, без которой никто не увидит Господа» (Евреям 12:14), они не верят, что освящение неизбежно следует за оправданием. Верят также в то, что прощение автоматически ведёт к святости. И то, и другое является выбором, зависящим от человеческой воли, а точнее, от желания.

Кальвинисты скоры на обвинение в адрес арминиан, что те будто бы учат оправданию по вере и освящению делами, однако, это – вводящая в заблуждение карикатура. И оправдание, и освящение совершаются по вере. Первое совершается по единовременной, а второе – по продолжающейся вере. В большинстве случаев в греческом тексте Нового Завета глагол «верить» используется в «настоящем продолжительном» времени, что буквально означает «продолжайте, не переставайте верить», (даже в Иоанна 3:16). Однако обе группы согласны с тем, что нам необходимо больше, чем вмененная нам праведность, чтобы удовлетворить Божественные намерения. Нам нужно больше, чем *отношение* «*как* к святым», мы должны быть «святы, как Он свят». Благая Весть состоит в том, что мы можем быть святы как здесь и сейчас, так и позже, там, в вечности.

ПЕРЕДАННАЯ ПРАВЕДНОСТЬ

Наделяя Своей праведностью, Бог желает покрыть и исполнить прощением и святостью, чтобы оправдать и освятить нас. И Он способен сделать и то, и другое при условии нашего сотрудничества. Автор известного гимна «Скала спасения» «Rock of Ages» не возносил безнадежную просьбу, когда написал: «Кровью Иисуса омой, и буду я снега белей», но подчеркнул огромную силу греха.

Прощение-оправдание имеет дело только с прошлым. Оно не очищает будущее, предотвращая последующие грехи. Плохие привычки из нашей прошлой жизни (Писание называет это «ветхий человек»), действующие в мыслях и воплотившиеся в делах, всё ещё живы и находятся в нашей старой природе (Писание называет её словом «плоть»). Они готовы подставить нам подножку или дать место дьяволу (Писание называет его «рыкающий лев»), чтобы он снова мог властвовать над нами. Но нет никакой необходимости повторять прошлое.

Бог запланировал двойную замену. «Ибо не знавшего греха [Иисуса Христа] Он сделал для нас жертвою за грех [в англ. Библии – грехом], чтобы мы в Нем сделались праведными пред Богом» (2 Коринфянам 5:21). Вот это обмен! Он забирает всё наше плохое и даёт нам все

ПРАВЕДНОСТЬ

Своё хорошее. Где это видано, чтобы происходила подобная сделка? Как печально, что многие довольны тем, что их грехи возложены на Него, но медлят с тем, чтобы Его праведность была дана им взамен. Но как же Он даёт и как мы получаем её?

В наше сердце входит Дух Святой. Все три Личности Троицы необходимы и участвуют в процессе нашего спасения от наших грехов, от их силы и от наказания за них. Однако их действия различны, хотя и дополняют друг друга. Освящение – это особый труд третьей Личности Троицы. Святость – это продукт Его отдела. И действительно, Он единственный из трёх Личностей, в Чьём имени, а не только в списке качеств находится слово «святость».

Его описывают как «исполнительного директора Божественной Троицы», потому что Он делает так, чтобы на земле происходило то, что желает Небесный Отец. Он совершает это от самого начала творения (Бытие 1:2) и в течение всей истории через героев Израиля (пророков, подобных Моисею, героев, подобных Самсону и царей, подобных Давиду). Особенным же образом Его действие проявилось в Иисусе Христе и сейчас проявляется в христианах. Отец – Бог над нами, Сын – Бог, находящийся рядом с нами, а Дух Святой – Бог, живущий внутри нас. Насколько мне известно, христианство – это единственная религия, в которой утверждается вера в то, что Бог, Которому мы поклоняемся (поклоняемся вне, а не внутри нас), в действительности живёт внутри нас, поклоняющихся Ему.

Христиане, принявшие Духа Святого, теперь имеют свободу выбора между хождением по плоти (в соответствии со своей старой природой) и хождением по Духу. То есть каждый их шаг может быть сделан в ответ на «похоть плоти» или под водительством Духа Святого. В то время как они идут за Ним, постепенно происходит что-то особенно великолепное. В них возрастает плод, единичный плод с девятью привкусами: любовь, радость, мир в Боге, долготерпение, благость и милосердие по отношению к другим людям, вера, кротость и воздержание в отношении самих себя (Галатам 5:22-23). Все девять ещё никогда не были обнаружены одновременно ни в одном человеке, кроме Иисуса Христа. Тот же Дух, чья сила и чистота сделали Христа способным иметь все эти качества, может проявить их и в нас. Желаете быть таким, как Иисус? Вы можете быть таким! Это и есть Благая Весть. Евангелие не соответствует ни утверждению «Ты должен быть праведным», ни «Тебе не обязательно быть праведным», а ныне звучит так: «Ты можешь быть праведным».

Но эта праведность должна быть Его праведностью, а не вашей. С этой мыслью мы подходим к самой трудной части, влекущей за собой серьёзный удар по нашей гордости. Нам нужно отказаться от нашей праведности для того, чтобы освободить место для Его праведности. Покаяние включает в себя поворот от наших добрых дел, так же как и от плохих. Они могут высоко цениться людьми, но не иметь никакой ценности для нас, ищущих правильных взаимоотношений с Богом. В действительности они становятся главным препятствием, если мы надеемся, что они помогут нам пройти хотя бы малейший отрезок нашего пути. Поговорка «Делай то, что можешь, самым лучшим образом, и оставь остальное Богу» просто неприемлема для Бога, хотя, возможно, это – самый распространённый из ошибочных взглядов на христианство, позволяющий многим думать, что они могут быть такими же хорошими христианами, живя вне церкви, как и любой другой человек из церкви. Даже самые лучшие из наших усилий настолько сильно не дотягивают до Божьих стандартов, что являются оскорбительными для Него и для нас, если мы рассматриваем наши дела Его глазами. Библейские авторы используют самые резкие слова, чтобы передать это. Для пророка Исаии «... вся праведность наша – как запачканная одежда...» (Исайя 64:6, буквальное значение в еврейском языке относится к запачканной менструальными выделениями ткани или «тампону»). Для апостола Павла все его успехи и старания в том, чтобы исполнить все Божьи заповеди, стали ничем – мусором, «сором», который нужно выбросить (Филиппийцам 3:8). В современных английских переводах использованы более вежливые выражения, хотя греческое слово имеет значение человеческих экскрементов. Представить наши добрые дела Богу на одобрение - значит уподобиться маленькому мальчику, который держит свой горшок и говорит: «Смотри, что я сделал!».

Вместе с отвержением нашей собственной праведности, что намного легче сделать отступнику, чем уважаемому человеку, нам также необходимо «принять» Духа Святого, быть «помазанным» Им, как был помазан Иисус. Нам надо быть «исполненным» Им и «крещенным» (погруженным) Им. Новый Завет использует много различных синонимов для описания богатого опыта сознательной встречи и общения с Ним. Он не наследуется нами, как многие ошибочно полагают, вместе с человеческой природой. Христос просил Отца, чтобы Он послал нам Духа Святого (Иоанна 14:6). И мы можем удостоиться такого великолепного подарка после того, как покаемся в своих грехах и получим прощение (Деяния 2:38-39).

Веру во вторую личность Троицы не стоит смешивать с принятием третьей. Даже в Новом Завете были случаи, когда одна из этих Личностей приходила раньше другой (Деяния 8 и 19). Недопонимания возникают из-за того, что современные евангелисты используют небиблейский жаргон, например: «Примите Иисуса в свою жизнь», «Пригласите Иисуса войти в ваше сердце», «Отдайте вашу жизнь Иисусу», «Примите Его как Спасителя и Господа», «Посвятите себя Ему». Ни один из этих эвфемизмов вы не найдете на страницах Писания, и все они не обращают внимания на Духа Святого, несмотря на то, что Он – Единственная из Личностей Троицы, Кого могут «принять» на земле до того времени, когда Христос вернется. Необходимо восстановить то, что советовали апостолы: «Покаяться перед Богом-Отцом, уверовать в Сына, Господа Иисуса Христа и принять Святого Духа». Говорить людям, что они должны вести настоящую христианскую жизнь и не познакомить их с силою Духа Святого – это значит не только возложить на них непосильную ношу, но и принести мучения в их жизнь. Более полное обсуждение этого жизненно важного вопроса вы найдёте в моих книгах: *«Иисус крестит в единого Духа Святого»* издательство Hodder&Stoughton и *«Нормальное рождение христианина»*, напечатанное в том же издательстве.

Когда наше освящение завершится окончательно? Когда мы станем настолько совершенными, как совершенен Он, праведными, как праведен Он? Ответ очевиден: Когда Иисус Христос вернётся на землю и даст нам новые тела, подобные Его прославленному телу (оно и сейчас в самом расцвете сил, в возрасте тридцати трёх лет, поскольку прославленные тела не стареют и не увядают).

Очевидно, что было бы глупо поместить несовершенный дух в совершенное тело. Этого не произойдёт, потому что «когда откроется, будем подобны Ему, потому что увидим Его, как Он есть» (1 Иоанна 3:2). Мы сможем отражать Его только тогда, когда будем взирать лишь только на Него.

У моей жены крепкая вера, но есть одна мысль из того, что я преподаю, во что ей очень трудно поверить и в чём она может сильно сомневаться. Эта мысль состоит в том, что однажды её муж станет совершенным! Она отвечает, что если бы она основывала свою веру на личном опыте (как поступают многие), то в это она не смогла бы поверить никогда, но она основывает свою веру на Писании и полагается на Божьи обетования. Я отвечаю, что мне тоже нужно уверовать в то, что моя жена однажды станет совершенной. Хотя я признаю, что ей в это поверить труднее, чем мне. Существует ещё одна причина, по которой она может иметь такие трудности.

Буквально следующий же стих (1Иоанна 3:3) продолжает: «И всякий, имеющий сию надежду на Него, очищает себя так, как Он чист». Если мы *действительно* убеждены в том, что однажды мы будем полностью святы, праведны, чисты и непрочны, это будет доказано нашим стремлением стать такими как можно скорее. Понимая, что божественные ресурсы открыты для нас уже сейчас, мы должны осознать, что перед нами открыты огромные возможности. Ошеломляющим фактом является то, что каждый христианин свят настолько, насколько он сам желает! Если мы всё ещё неправедны, это потому, что мы всё ещё наслаждаемся неправедностью, или потому, что мы боимся последствий за праведную жизнь в неправедном обществе (2 Тимофею 3:12).

Подобно тому, как если бы мультимиллионер сказал вам, что когда он умрёт, то всё его имущество перейдёт к вам, а в настоящее время он позаботился о том, чтобы из этого вам было выдано столько, сколько вам нужно или сколько вы пожелаете. Ваши друзья будут сомневаться в том, что это правда, если вы не проявите ни малейшего желания взять то, что уже доступно вам. Или какой молодой человек пожелает не проводить время со своей невестой из-за того, что ему будет принадлежать всё её время после свадьбы? Если мы действительно желаем иметь что-то, то мы желаем получить это как можно скорее. Это же так просто! Большинство христиан *скажут*, что они ожидают возможности стать праведными в вечной жизни, но настоящим доказательством этого является их стремление стать такими уже в этой части жизни. Воля Божья состоит в том, чтобы мы были святы здесь, и счастливы там, в вечности. Можно, по крайней мере, назвать искренней молитву: «Господи, пожалуйста, сделай меня святым, но не сейчас», однако, искренность – это единственное хорошее качество такой молитвы!

Итак, подведем итог. Бог-Отец в Своей воле определил, что считает нужным иметь большую семью, состоящую из праведных детей, и Он сделал всё необходимое для этого. Бог-Сын через воплощение, распятие, воскресение, Вознесение и ходатайство привёл грешников к настоящим взаимоотношениям со Своим Отцом, и теперь уже их Отцом. Бог-Дух действует в них так, чтобы сделать их подобными Отцу и Сыну, которые так схожи друг с другом. Грешники могут стать святыми не только по названию, но и по своему характеру. И когда это совершится, возникнет совершенно новая Вселенная, в которой эта новая семья будет жить во веки веков.

Вот это надежда! Неверующие могут говорить об этом с насмешкой и цинизмом, но для верующих – это радостная уверенность. И в качестве доказательства для других, а ещё более для самих себя, они уже сейчас являют такую праведность, которая явно превосходит ту, что может быть достигнута человеческой природой при наилучших её стараниях. Призыв к этому является стержнем учения Нагорной проповеди Иисуса Христа (Матфея 5:16, 20, 48 и т.д.) и сегодня звучит к нам через усиление позиций ислама.

11

Примирение?

Мир людей становится все теснее и уже похож на одно «глобальное поселение». Развивающаяся мобильность и информационные технологии сделали нас более информированными о происходящем в различных культурах и религиях. О них мы знаем более чем когда-либо. В каждой стране большие города многонациональны, не меньше чем разнообразие национальных кухонь и их ресторанов.

Многие рассматривают в результате этого появившуюся смесь как потенциально обогащающую возможность и приветствуют более широкий выбор вкусов и предпочтений. В то же время разнообразие предложений, сбивающее с толку, может сделать отдельный предмет кратковременным увлечением, погоней за новизной и сократить длительность посвящения чему-либо одному.

Всегда существует опасность в отношении выбора между тем, что является несовместимым, а потому и взаимоисключающим друг друга, но требующим выбора, который современный мир крайне не желает делать, в страхе «упустить что-либо». Такой кризис, очевидно, должен произойти в области религии. Не проявляя никакого уважения к убеждениям настолько сильным, что люди готовы даже умереть за них, современное общество относится к ним как к опасной нетолерантности. Первоначальное значение слова «фундаменталист» имеет положительный оттенок – это тот, кто верен фундаментальным основам своей веры. В наше время оно стало оскорбительным эпитетом, употребляемым с негативным тоном: тот, кто усиленно противостоит другим вероисповеданиям и различным вариантам собственного.

В обществе, где разнообразные религии и культуры «сталкиваются лбами», вряд ли кого-то удивит, что тактичность и толерантность переместились вверх списка самых важных качеств. Они держат ключи к единству и гармонии в мультикультурном сообществе, действительно являясь жизненно необходимыми для его выживания, поскольку удерживают потенциальные конфликтные тенденции «под крышкой», хотя и не очень далеко от поверхности.

Возьмите политкорректность – релятивизм, применённый к социальному поведению, постепенно заменяющую общепринятые моральные устои, служившие цементом, соединяющим нас в одно целое. Что-либо или кто-либо, о ком можно подумать, что он одобряет отсутствие единства или несёт разделение между элементами культуры современного общества, сразу же расценивается как нарушитель нового стандарта поведения. Недавние законопроекты, вводящие уголовную ответственность за возбуждение религиозной ненависти, являются тому примером. Недостаточно чёткое описание состава преступления открывает возможность широкого применения этих законов от словесного унижения до любых попыток обращения в своё вероисповедание.

Даже сама мысль о том, что какая-либо культура имеет превосходство, автоматически означает, что другие – ниже, и потому считается глубоко оскорбительной. Диалог между представителями любых культур должен основываться на предварительном заключении, что все они являются одинаково достоверными и ценными, одинаково «истинными» для всех участников и их постулаты должны быть взаимно приняты и использованы.

Один из самых тяжких «грехов» в такой среде получил название «демонизация». В нерелигиозном смысле это слово означает определять тех, с кем кто-то не согласен, как источник всего зла и причина всех проблем. В более распространенном смысле – религиозном, – что противник назван прямым агентом сверхъестественных сил зла, противостоящих доброму Богу. Одним из примеров этого являются имена, данные мусульманами Израилю – «маленький сатана» и Америке – «огромный сатана». Меня обвиняли в том, что я делаю то же, когда говорю или пишу об исламе, тем самым косвенно бросая тень на мусульман. К демонизации относятся как к наивному ухищрению с целью разрешить разногласия путем распространения клеветы на противника и как к культивированию неуважения и антипатий.

Христиане могут вспомнить, что Сам Иисус был подвержен такому оскорблению, когда Его чудеса были приписаны силе «веельзевула, князя бесовского» (Матфея 12:24-32).

Вероятно, что Он расценил это оскорбление как грех более серьезный, нежели любой другой, показав, что он направлен не столько на Него, сколько на ту Личность, Которая своей силой сделала Его способным совершать эти чудеса. «Если кто скажет слово на Сына Человеческого, простится ему; если же кто скажет на Духа Святого, не простится ему ни в сем веке, ни в будущем» (Матфея 12:24-32). Возможно, это из-за того, что они настолько сожгли чувствительность своей собственной совести, что уже не в состоянии заметить собственную вину и покаяться в ней. Это единственный «непростительный грех», хотя это так же применимо и ко всем грехам до тех пор, пока человек по-настоящему не покается в них. Даже

Иисус, когда говорил Своим ученикам прощать грехи своих братьев не меньше, чем «семь раз в день», Он прибавил к этому чрезвычайно важное условие «если покается» (Луки 17:3-4). Посему христианам нужно быть особенно внимательными к греху оскорбления Святого Духа, к которому Иисус отнёсся так серьёзно.

Если «демонизация» считается одним из самых худших действий в мультикультурном контексте, то «примирение» становится одним из самых высших призваний. Общество аплодирует тем, кто трудится над тем, чтобы вновь соединить разобщенные стороны, что обычно требует длительных переговоров.

Христиане часто относятся к такому «служению примирения», как к неотъемлемой части христианского призвания, необходимому для «совершения спасения» (Филиппийцам 2:12-13). Они вспоминают ободряющее благословение Христа, выраженное в Нагорной проповеди: «Блаженны миротворцы, ибо они будут наречены сынами Божьими» (Матфея 5:9). «Экуменическое» движение проистекает из комплекса вины за глубочайшие деноминационные разделения внутри самой христианской церкви (православные, католики и протестанты, не говоря уже о тысячах маленьких групп, отколовшихся от них или созданных внутри этих основных групп). Христиане стыдятся своей собственной неспособности ответить на молитву Иисуса Христа, просившего об их единстве, которое Он рассматривал как неотъемлемое и очевидное доказательство того, что они последовали за Ним (Иоанна 17:20-23). Какое же право имеют христиане на совершение попыток к примирению других, когда сами так несостоятельны в том, чтобы найти междеминационный мир между собой?

Тем не менее, христиане считают, что они не могут и не имеют права ждать до тех пор, пока их усилия по примирению внутри христианских кругов достигнут полного успеха, а должны совершать те же действия и вне церкви, в том обществе, в котором живут. Поиски мира могут и должны быть совершаемы в обеих сферах одновременно. Итак, как же это «служение примирения» можно применить к более широкой сфере касательно увеличивающейся конфронтации между христианством и исламом? Перед христианами лежат три пути, которые можно избрать в попытке примирить существующие различия.

ИСЛАМ И ХРИСТИАНСТВО

Настоящее значение слова «экуменический» сходно со словами «католический», «всеобщий» или «распространенный по всему миру». Хотя первоначально оно было использовано в переговорах, имевших цель обрести единство внутри Церкви, это слово сегодня приобретает более широкий смысл в связи с увеличением контактов с представителями других религий. На нас оказывается давление с тем, чтобы объединить религии мира для блага всего человечества и его хрупкого окружения. Гармония в религиозном мире все чаще рассматривается как один из главных факторов в обретении мира и противодействии загрязнению планеты.

На нас оказывается давление с тем, чтобы мы забыли о своих различиях, чтобы установить обоюдное уважение, доверие и уверенность друг в друге, чтобы работать в направлении синкретизма различных вероисповеданий в одну мировую религию, чтобы объединить ею всё человечество. Правда, последняя мысль находится ещё очень далеко в списке необходимых дел и пока не выносится на повестку дня.

Релятивистский образ мышления, о котором мы рассуждали во второй главе, усиливает эти стремления. Считается, что ни одна из религий не обладает монополией на истину, которая, скорее, находится в сочетании различных духовных взглядов, инклюзивном синтезе многих, а не в эксклюзивном притязании какого-то одного взгляда.

Средства массовой информации уже говорят о «верующем сообществе», охватывающем все религии. Программа «Воскресенье» (Sunday), выходящая на Би-би-си, неизменно фокусируется на двух самых больших религиях – христианстве и исламе. Как уже упоминалось выше, принц Чарльз намеревается быть названным «защитником веры», а не «вероисповедания», что является ещё одним вкладом в дополнение к его визитам в мечети и хвалебным речам в адрес ислама.

На пути воссоединения этих двух религий возможны пять стадий:

1. Совместные дискуссии. Очевидно, что самым первым шагом должен быть откровенный и честный диалог – по крайней мере, для того чтобы передать точную информацию и представление о себе, а также избежать искаженного мнения.
2. Совместные заявления. Согласие, достигнутое в доктринальных и этических вопросах, может быть выражено совместно, особенно, если это касается насущных социальных или политических проблем.
3. Совместные действия. Лоббирование общих интересов в соответствующих инстанциях и на уровне правительств может стать одним из способов такого сотрудничества, к примеру, в тех областях, где игнорируется несправедливость и бесчеловечность. Теперь это называется «союзничество», то есть совместные действия в противостоянии общему врагу. Единственный раз, когда принц Филипп, герцог Эдинбургский, проповедовал в церкви (Св. Георга, Виндзор),

он призывал все религии объединиться с целью спасения дикой природы.
4. Совместное ходатайство. Это требует совместных собраний для молитвы по вопросам, затрагивающим всех нас, хотя такие молитвы будут возноситься разным божествам. Папа Римский – один из наиболее известных деятелей, уже призывал религиозных лидеров собраться для молитвы о мире в городе, где жил св. Франциск Ассизский.
5. Совместное поклонение. Такие служения будут включать в себя хвалу и молитвы Богу евреев, христиан и мусульман, чтения из Ветхого и Нового Заветов, а также Корана. Они будут проводиться раввинами, пасторами и муллами, объединенными «священством» этих трёх монотеистических религий с подчеркиваемой мыслью, что все они поклоняются одному и тому же Богу вне зависимости от того, как называют Его и что о Нём думают.

Одним из трудных, производящих разделение между христианами, является вопрос, где провести линию «стоп!» в этой последовательности, которая способна перенести даже искренне верующего человека от одной стадии к другой так, что он может и не заметить этого. Учитывая непопулярность, ассоциируемую с нежеланием следовать за уже начавшимся процессом, и ярлыки, вешаемые на тех, кто пожелал выйти из нее на какой-либо стадии, неудивительно, что многие христиане устраняются от любого участия в ней. Другие же полностью поглощены ею, даже до того, что приходится идти на сговор и компромисс со своей совестью.

Руководители церквей также не имеют согласия в том, где провести разделительную черту, что ещё больше сбивает с толку членов их церквей. Бывший архиепископ

Кентерберийский, Георг Карей (George Carey), незадолго до своей отставки, по выходу на пенсию, внёс свой вклад в этот процесс, пригласив ведущих национальных лидеров мусульманского движения в Ламбетский дворец (Lambeth Palace) для консультаций. Директор Евангельского Альянса уже защищает идею «союзничества».

В настоящее время сотрудничество проходит в одностороннем порядке. На служения, посвященные памяти трагедии 11 сентября, были приглашены муллы. Их речи, в которых они отмежевались от террористов, были встречены чувством успокоения и аплодисментами. Я ещё не слышал, чтобы христианские лидеры были приглашены для проповеди в мечети. Этот факт указывает на сильный дисбаланс. Мусульман приглашают воспользоваться западной свободой для исповедания своей религии, строительства мечетей и даже для произнесения пламенных проповедей, но такие права не находят поддержки в исламских странах.

Однако самым главным является вопрос, насколько христиане идут на компромисс в вопросах своей веры, когда вступают в широкое экуменическое движение, не отвергая её основы, отличающие её от других вероисповеданий, но уменьшая их, для того чтобы выступить общим фронтом вместе с другими. Писание заповедует нам: «И всё, что вы делаете, словом или делом, всё [делайте] во имя Господа Иисуса Христа, благодаря чрез Него Бога и Отца» (Колоссянам 3:17) – требование, которое невозможно выполнить, сотрудничая с мусульманами, для которых Иисус Христос – не Господь, и Бог – не Отец. Весьма ясно, что христианам запрещено вступать в любое сотрудничество, противоречащее знаниям, пришедшим к ним от Господа, Которому они служат, и идет вразрез с Евангелием, которое они проповедуют.

Что касается знаний о Боге, то я надеюсь, что к этому времени читатель настолько же убежден, как и автор, что мусульмане и христиане не поклоняются одному и тому же Богу. Они настолько отличаются друг от друга, что только один из них может быть истинным и настоящим Богом (Иоанна 17:3; 1 Фессалоникийцам 1:9; 1 Иоанна 5:20).

Существуют огромные противоречия между «богом», который существует сам по себе и только в одной личности, и «Богом» в трёх Личностях, находящихся в полной гармонии друг с другом. Значение, которое имеет учение о Троице, для христиан невозможно преувеличить. Как уже было доказано, концепция о Боге-Отце, Который есть любовь, напрямую зависит от Троицы, а эта концепция отсутствует в исламе и в Коране рассматривается как богохульство. Иногда мусульмане могут увидеть разницу между их «богом» и нашим яснее, чем христиане.

Эти различия невозможно загладить. Эти два разных взгляда на Бога противоречат друг другу на самом глубоком уровне. Они – несовместимы. Три Личности не соединятся в одну ни математически, ни теологически! Что бы ни означало «единство» Божье для христиан, оно никогда не относилось к количеству Его Личностей. Троица не может стать объектом переговоров. Есть очень практичный аспект, убеждающий нас занять такую твёрдую позицию.

Что касается Евангелия, то оно также основано на вере в Троицу. Без личного участия Отца, Сына и Духа Святого не может быть спасения ни от грехов, ни от вины, ни от его власти греха. Прощение стало бы просто сказкой на юридическую тему, унижающей Божественную справедливость. Человеческая природа осталась бы без изменений, а новая Вселенная – недоступной. Без Троицы не было бы Благой Вести, была бы только плохая.

Единственная по-настоящему благая весть, находящаяся в исламе, состоит в том, что любой человек, кто умрёт во имя Аллаха, гарантированно получит вход в чувственный рай сразу же после смерти. Для всех остальных будущее остаётся невыясненным до Судного дня.

Слово «Евангелие» уникально принадлежит только христианству, и неприсуще ни одной религии, включая иудаизм. Именно провозглашение этой Вести (вот какое значение слово «проповедовать» имеет в Новом Завете) стало причиной весьма широкого распространения этого нового вероисповедания в Римской империи, и сегодня является ключевым фактором для его распространения в наиболее растущих точках планеты, особенно в странах третьего мира. То, что Павел назвал «славное благовестие блаженного Бога, которое мне вверено» (1 Тимофею 1:11), сегодня вверено нам. Да не посмеем мы не оправдать это доверие.

Ислам и христианство примирить невозможно. Мы не должны участвовать в подобных бесплодных занятиях и не должны оставить даже малейшего впечатления, что считаем это возможным, а тем более, желаемым. Но возможно ли примирить мусульман и христиан?

МУСУЛЬМАНЕ И ХРИСТИАНЕ

Во времена Мухаммеда на Аравийском полуострове существовали и иудейские, и христианские сообщества. Некоторые из верующих были лично знакомы с ним. Первая часть Корана показывает его уважительное отношение к ним, как к «людям Книги», то есть к тем, кто основывает свою веру и поведение на записанных откровениях Бога, переданных Его посланниками. Мухаммед считал себя последним пророком в списке, состоящем из двадцати с лишним человек, начиная от Адама и включая Авраама, Моисея, Иисуса Христа и его самого. Он надеялся, что иудеи примут его как своего пророка, а христиане – как своего апостола. Он мог и не знать, что некоторые из его «откровений» противоречат их Писаниям, поскольку ни Ветхий, ни Новый Заветы в то время не были переведены на арабский язык, а если бы и были, то он всё равно не смог бы их прочитать.

Когда же они не приняли его как посланника, принесшего откровение, дополняющее и завершающее тем, что они считали своим, он стал относиться к ним всё более и более враждебно, и даже убил некоторых из них в нескольких стычках. Сегодня вы не найдёте ни одно из таких сообществ на Аравийском полуострове, хотя некоторые, подобно Коптской церкви в Египте, всё же, выжили и в других мусульманских странах.

Когда были обнаружены расхождения его речей с Библией, было сказано, что она была намеренно искажена, чтобы не стать записью «истинных мусульманских пророчеств». Более поздние части Корана относятся к евреям и христианам, как к «неверным» (неверующим) и от дружбы с ними нужно отстраняться.

В последующие столетия отношения между мусульманами и христианами характеризуются военными конфликтами, поскольку новая религия распространялась силой. Христиане, когда могли, отвечали тем же. Среди таких попыток наиболее печальную славу обрели серии «Крестовых походов», начавшихся спустя 400 лет после Мухаммеда. Призыв Папы Римского освободить места паломничества в «Святой Земле» привёл к убиению евреев, мусульман и даже христиан восточной церкви (Константинополь, который в то время был столицей «христианской» Византийской империи, был причислен к славным победам), а количество убийств достигло своего пика в Иерусалиме, когда и он был захвачен. Память о таких ужасных эпизодах истории сохраняется во многих поколениях евреев и мусульман, которые не упустят возможности напомнить христианам о жестоких действиях, совершённых во имя Христа, хотя сами легко забывают свои собственные.

Отношения между мусульманами и христианами никогда не были хорошими. Конечно, здесь происходит столкновение их культур, между которыми существуют огромные различия, но история прошедших веков добавила в эти отношения страх и подозрения; сыграли свою роль и различные предубеждения. Обоюдное доверие весьма часто «блистает своим отсутствием».

В самой сути христианского призвания лежит стремление к миру и гармонии. Это логично следует за примирением с Богом. Иисус Христос назвал миротворцев «благословенными», а Павел писал верующим: «Если возможно с вашей стороны, будьте в мире со всеми людьми. Не мстите за себя...» (Римлянам 12:18-19). Подставление другой щеки может и не остановить агрессию, но это более вероятно, чем в случае ответного удара. Христос Сам стал ярким примером непротивления злу, несмотря на то, что его противники всё же казнили Его.

Безусловно, существует необходимость в улучшении взаимоотношений между мусульманами и христианами, по крайней мере, на основании того, что мы все являемся людьми, живущими по соседству. Христиане должны принять тот факт, что мусульмане, точно так же, как и они, сотворены «по образу Божьему», и с уважением относиться к этому.

Они должны добровольно пойти на значительный риск, чтобы доказать это. Я лично знаю двух человек, которые являются примером подобного рода примирения, каждый из которых проявил себя в этом разными путями.

Первый из них, Линн Грин, один из руководителей Youth with a Mission, организовал Марш христиан, прошедших путём Крестовых походов. Его целью было выразить сожаление и просить прощения за жестокие действия христиан, совершенные в прошлом, и продемонстрировать, что сегодня существуют христиане, которые не согласны с подобным мышлением, а ищут возможности следовать за учением Христа: «Иисус отвечал: Царство Мое не от мира сего; если бы от мира сего было Царство Мое, то служители Мои подвизались [воевали] бы за Меня...» (Иоанна 18:36). Несколькими часами ранее Он сделал выговор Петру, который пытался использовать меч для Его защиты.

Эндрю Уайт, каноник кафедрального собора в Ковентри, был приглашен двумя воюющими сторонами во время недавнего нападения на церковь Рождества Христова в Вифлееме. Будучи доверенным лицом правительств Израиля и Палестины, он рисковал своей жизнью, ведя переговоры между солдатами, стоящими снаружи, и террористами, находящимися внутри, чтобы прекратить совершаемые там убийства и голодовку. Он имел побуждение от единственного Посредника, Которого имеет между собой и Богом – от человека Иисуса Христа (1Тимофею 2:5).

Они оба шли разными путями к тому, чтобы улучшить взаимоотношения между отдельными людьми и представителями разных народов, или, по крайней мере, предотвратить ухудшение этих взаимоотношений. Мы, христиане, должны иметь большое желание сделать всё, что мы только можем для того, чтобы уменьшить отчужденность, стараясь устранить невежество, недопонимания, предрассудки, горечь, ненависть и всё остальное, что удерживает людей на расстоянии друг от друга.

Обратить врага в друга – это уже сам по себе достойный результат, но это также неотъемлемый шаг к ещё более высокой цели, к «служению примирения», которое Иисус Христос заповедал Своим ученикам в Своём последнем обращении к ним перед тем, как оставил наш мир.

МУСУЛЬМАНЕ И БОГ

Первостепенное призвание христиан состоит в том, чтобы принести примирение по вертикали, а затем уже и по горизонтали:

> «потому что Бог во Христе примирил с Собою мир, не вменяя [людям] преступлений их, и дал нам слово примирения. Итак мы – посланники от имени Христова, и как бы Сам Бог увещевает чрез нас, от имени Христова просим: примиритесь с Богом» (2 Коринфянам 5:19-20).

Эта жизненно важная задача должна находиться на первом месте в списке наших приоритетов. Конечно, горизонтальная часть может (а во многих случаях и должна) предварять вертикальную. Хорошо налаженные взаимоотношения с людьми дают нам право задавать им вопросы об их отношениях с Богом. Мой отец, который в своё свободное время привёл ко Христу более 12 000 человек, советовал всем, кто старался подражать ему: «Никогда не пытайтесь «войти в душу» человека до тех пор, пока не провели с ним рядом достаточно много времени». Именно это и сделал Иисус Христос, известный как «Друг грешников» до того, как стал их Спасителем.

Но вертикальное направление всегда должно быть главной целью. Христиане могут иметь искушение позволить этой цели отойти на второй план или даже еще далее, поскольку эта часть может показаться людям более обидной и неприятной, чем примирение людей, отдалившихся друг от друга. Но главная причина такого упущения состоит в том, что мы позволяем временным и проходящим нуждам этой жизни преобладать над намного более важными и постоянными нуждами вечной жизни. Это значит забыть о том, что настоящий ад ожидает людей не здесь, но в будущем, и что грешники являются «заблудшими» и нуждаются в спасении, а не просто одинокие или несчастные люди, которым нужен друг и дружеское ободрение. Если Церковь будет верна своему призванию, она должна предлагать людям больше, чем религиозную версию социальных услуг.

В исламе нет акцента на примирение с Богом. В нём есть призыв к подчинению (мусульманин – это подчинившийся человек), а не предложение спасения (христианин – это спасённый человек). Одна из причин состоит в том, что Коран не принимает факт того, что всё человечество отчуждено от Бога как по причине первоначального греха Адама, так и по причине собственных грехов, совершенных всеми его наследниками. Мы «по *природе* [были] чадами гнева» (Ефесянам 2:3, выделено автором) и заслужили Божий гнев. Признаём мы это или нет, но нашей самой главной нуждой является примирение с Богом.

Всё вышесказанное относится и к мусульманам. Их собственная религия не может дать им этого. На конференции в Индии представителя каждого вероисповедания по очерёдности спрашивали, что его религия может предложить такого, что ни одна другая дать не сможет. Христианин произнес всего лишь одно слово – «спасение», и никто с ним не спорил! Другие религии требуют что-то от людей, а христианство даёт людям уникальное предложение.

Христиане должны быть абсолютно уверены в том, что мусульмане нуждаются в спасении и могут быть спасены, перед тем как исполнить деликатную и даже опасную миссию, в которой они будут участвовать только потому, что «любовь Христова объемлет нас» (2-Коринфянам 5:14). Нельзя допускать и самой мысли о том, чтобы убедить мусульман «обратиться» от их религии к нашей. Наша цель – помочь им обрести спасение от их грехов, примириться с Богом, Который и создал, и любит их, и стать частью Его семьи, а не «нашей церкви». Всё должно быть совершаемо для их блага, а не для нашего.

В прошлом для того, чтобы понести Благую Весть мусульманам, нужно было на время расстаться с родными и любимыми людьми, ехать в далёкую страну и жить в неизвестной нам культуре. Теперь уже не нужно ехать к ним. Они приехали к нам, причём в огромном количестве. Они живут в том же городе и селении, что и мы, на той же улице и даже по соседству. Этот факт становится лакмусовой бумагой для проверки искренности миссионерских намерений тех христиан, которые жертвовали деньги для того, чтобы другие могли поехать за океан и распространять Евангелие вместо них. Сейчас они имеют возможность распространять Евангелие самостоятельно и совершенно бесплатно!

Многие мусульмане, переехавшие в Великобританию, более открыты к Евангелию сейчас, чем тогда, когда они жили у себя на родине. Некоторые даже пожелали убежать из стран, находящихся под контролем ислама. Вероятно, большинство из них приехали сюда по экономическим причинам, но они также приехали на это место, где свобода слова является всеобщим правилом, а это означает и возможность услышать. Но им также нужно что-то увидеть, а не только услышать. Один мой знакомый привёл многих к Христу, просто посещая дома мусульман, когда узнавал о том, что кто-то там заболел. Он приходил и спрашивал разрешения попросить, чтобы Иисус исцелил их (до сих пор ему ещё ни разу не сказали «нет»). Никаких проповедей, раздачи брошюр или Библий, никаких приглашений на встречи, а просто небольшая, но так много значащая помощь – вот что подогревало их интерес и желание узнать больше о Боге.

Я не нахожусь в том положении, чтобы рассказывать читателю, «как завоевать мусульман для Христа». Другие, обладающие большим опытом и мудростью, чем я, уже написали достаточно много книг и брошюр, чтобы дать нам руководство по этому вопросу. Они особенно полезны для того, чтобы избежать искушения слишком быстро начать евангелизировать и пользоваться бестактными и откровенно глупыми подходами, которые способны принести больше вреда, чем пользы. Эту литературу вы сможете найти в ближайшем магазине христианской книги.

Почему же христиане не пользуются новыми возможностями? Я боюсь, что одной из главных причин этого является выявление отрезвляющего факта, что последователи других религий, включая ислам, могут быть более посвящены ей и намного лучше практиковать свою веру в присутствии других людей, нежели те, кто посещает христианские церкви. Я не говорю уже об английской вежливости, вообще исключающей религию из беседы! Их посвящение устыжает нас!

И снова перед нами лежит «вызов, брошенный исламом христианству». Как бы хотелось, чтобы было как раз наоборот.

Комментарии автора

Я написал и приложение, обсуждающее острый вопрос о том, стоит ли христианам использовать слово «Аллах», когда они говорят о библейском Боге, особенно в диалогах или при благовестии мусульманам. Я решил не включать его, потому что это противоречивая тема, производящая разделения даже в среде евангельских христиан. Эта тема отводит наш взгляд от главной вести, адресованной обеим сторонам этих дебатов. Однако я имею очень большое желание говорить на эту тему детально, подробно и углубленно (о чём меня уже просили). Эти размышления будут выпущены на аудио кассете студией Anchor Recordings (телефон и факс 01233 620 958) под названием «Нет иного Бога, кроме Бога Авва».

12

Воздаяние?

Каково будущее ислама? Он уже сейчас является второй по величине из мировых религий, заявляя о том, что к числу его последователей принадлежит одна пятая часть всего населения земли. Хотя христианство и является наиболее распространённой религией, утверждающей, что в числе его приверженцев – одна треть населения земного шара, но ислам также является и самой быстрорастущей религией, в четыре раза превышающий прирост христианства. Поэтому вполне вероятно, что он догонит и даже обгонит христианство в относительно недалёком будущем, оказывая доминирующее влияние на события в нашем мире. То, что происходит сегодня в Британии, отражает общую картину происходящего во всём мире.

Как долго продлится такой сценарий? Несколько декад? До конца двадцать первого столетия? До конца истории человечества?

Выживет ли христианство, или оно будет вытеснено? Увеличится или уменьшится величина его прироста? А может быть, какая-то другая религия будет иметь восхождение, подобное современному исламу, и уже она будет претендовать на ведущую роль?

Может ли Библия сказать нам что-либо об этом? Ответ состоит в том, что наши Писания учат нас смотреть на будущее, начиная с прошлого. Христианская надежда всегда начинается с осознания окончательной ситуации, обещанной Богом, и затем уже рассматривает современное положение в свете окончательного результата. Такой подход является замечательным средством от депрессии и от безнадежности.

За прошедшие столетия, в которых была пройдена двадцать одна великая ступень общественного развития, пять философских взглядов на ход истории соперничали друг с другом:

1. *Циклический* – скептический взгляд, происходящий из Греции. Вера в то, что вся история проходит по кругу, бесконечно повторяя саму себя и никуда не продвигаясь.

2. *Эпический* – история человечества продвигается вперёд, не повторяя саму себя, но подобно поезду, едущему по американским горкам, имеет свои взлёты и падения, времена мира и войны, удачные времена и неудачные. На какой точке закончится эта история – неизвестно, каждому человеку предстоит только догадываться об этом.

3. *Оптимистический* – история развивается с постоянным улучшением. Ее можно представить в виде эскалатора, поднимающего человека вверх. Прогресс неизбежен. Двадцатое столетие началось с таких ожиданий, но серия катастроф, начиная от гибели «Титаника» до двух мировых и одной холодной войны, серьёзно поколебала уверенность в таком подходе к истории.

4. *Пессимистический* – мир становится всё хуже и хуже, без надежды (или она крайне мала) на улучшение. Люди в двадцать первом столетии более борются за

выживание, чем за продвижение вперёд. Уже самые первые годы этого столетия принесли события, серьезно подрывающие мир и процветание.

5 *Апокалипсический* – мир постепенно становится всё хуже и хуже, но внезапно станет лучше, и на этом всё закончится. Этот взгляд разделяют иудеи, коммунисты и христиане. Несмотря на то, что все они получили эти откровения из одного и того же источника – от еврейских пророков, их взгляды очень отличаются друг от друга в вопросе, что вызовет настолько сильное и внезапное изменение. Коммунисты верят в людей, иудеи – в Бога и человека (Мессию), а христиане – в Человека, Который является Богом (в Иисуса Христа).

Когда Библия говорит о будущем (к примеру, в книгах Даниила и Откровение), она всегда показывает его именно в таком апокалипсическом свете (греческое слово означает открыть то, что было скрыто от взгляда, а именно: пятый из перечисленных выше взглядов). И Ветхий, и Новый Заветы учат нас, чтобы мы посмотрели за пределы становящегося все более темным настоящего во впечатляюще славное будущее. Обладая невероятно огромной властью, Бог может использовать в Своих добрых целях даже злые силы, хотя и они будут наказаны сурово и справедливо, когда их дни будут окончены и наступит «День Господень». Тема о Божьем суде является неотъемлемой частью описания будущего в апокалипсической литературе, и этот суд будет беспристрастным.

К примеру, возьмите ситуацию из жизни Аввакума. Мы уже обращали внимание на его диалог с Богом, на его пессимизм, когда Бог сказал ему, что приведет полчища вавилонян, чтобы исправить печальное состояние, в котором находился избранный им народ. Пророк был убежден, что это будет означать полное исчезновение Израиля и пытался убедить Бога, что подобное чрезмерно сильное действие может оставить Его ни с чем, и что Он слишком добр к таким нечестивым людям, потому что позволяет им стереть с лица земли Его собственный народ (Аввакума 1:13). Пророк, однако, не принял во внимание Божью праведность, или, точнее, думал, что он понимает её лучше, чем Сам Бог. Поэтому Бог напомнил ему, что Его праведность совершит еще два важных действия в будущем. Во-первых, Он сделает так, что праведные останутся жить благодаря своей вере. Во-вторых, Он разберется и с неправедностью вавилонян, а именно: с их идолопоклонством, аморальностью и бесчеловечностью уже после того, как использует их в Своих целях. Они были инструментом в Его руках, хотя Бог в совершенстве знал о них всё. Именно эти два напоминания заставили Аввакума петь от радости, даже несмотря на предстоящее вторжение. Окончательный результат превзошел близлежащую перспективу.

Руины Вавилона, лежащие на юг от Багдада, столицы современного Ирака, являются молчаливым свидетельством того, что Бог исполняет Своё слово. Они обнаружены в девятнадцатом столетии археологами, большинство из которых были британцами, и были частично восстановлены Саддамом Хусейном в двадцатом столетии. При этом его имя и портрет помещены рядом с именем и портретом Навуходоносора так, чтобы подчеркнуть их сходство. То, что ранее считалось величайшим городом во всем мире, начиная с Вавилонской башни и заканчивая одним из семи чудес света, Висячими садами, сегодня стало безлюдным местом, одним из самых забытых мест на земле. Израиль же сегодня жив и находится в земле, которую Бог обещал евреям 4000 лет назад, несмотря на то, что в течение почти 2000 лет этого государства не существовало. Аввакуму не нужно было беспокоиться.

ВОЗДАЯНИЕ

Было ли простым совпадением или Божьим водительством, что я постоянно вспоминал об Аввакуме во время своих размышлений о вторжении ислама в Великобританию? Я с уверенностью пришел к заключению, что Бог может использовать его для укрепления Своего народа в Британии так, чтобы сохранить тех, кто праведен в вере. Подразумевала ли эта аналогия включение в себя как наказания, так и очищения прежде всего своего народа (и евреев, и христиан) – ведь суд именно так начинается (1 Петра 4:17)?

Однако в Новом Завете есть более ясные указания на то, что последнее слово будет не за исламом или, другими словами, он не будет иметь окончательного превосходства в летописи о жизни человечества. Аналогии, взятые из жизни Израиля, не всегда определяют события из жизни Церкви.

Конечно, ислам не упоминается в Писании по имени. Он возник спустя несколько столетий после того, как был написан Новый Завет. Но в Библии есть множество достаточно понятных предсказаний о событиях, которые произойдут в «конце времён», рассматривая которые, мы, по крайней мере, можем задать вопрос: «А как ислам вписывается в эту картину?» Удивительно, что Коран тоже предсказывает их, но придаёт им совершенно иное значение и цели.

Если говорить кратко, то история нашего мира завершится правлением двух властелинов – второй будет править после первого. Первый – чрезвычайно жесток, второй – настолько же милостив. Первое правление очень короткое, а второе – весьма длинное, в соотношении семи к тысяче. Первый будет поставлен во время прихода антихриста, а второй – во время Второго Пришествия Христа.

ПРИШЕСТВИЕ АНТИХРИСТА

И ислам, и христианство ожидают появления человека-марионетки в руках диавола. И та, и другая религия склонны к определению того, кем же он является, и приписываются его качества, в основном, врагам, но, бывает, что и внутри одного вероисповедания. К примеру, и Лютер, и Папа Римский – оба назвали так друг друга! Конечно, некоторые авторитарные личности в прошлом могли бы быть прообразом этой личности, но ни один из них не достиг и не стал предсказанным монстром или, если говорить библейским языком – «зверем». Апостол Иоанн пишет: «И как вы слышали, что придет антихрист, и теперь появилось много антихристов, то мы и познаём из того, что последнее время» (1Иоанна 2:18).

Важно заметить, что приставка «анти» означает «вместо», а не только «против». Он придет под видом Мессии. Первая часть его властного правления принесет ощущение мира и безопасности в мир, который жаждет этого (диктатура обычно имеет успех там, где демократия проигрывает). Однако польза от использования абсолютной власти быстро превратится в тоталитарную эксплуатацию и репрессии. «Третий рейх» – безраздельное властвование Гитлера в Германии является одним из примеров подобного управления: после успешного решения проблем, связанных с инфляцией, безработицей и гражданскими беспорядками, он совершил множество массовых убийств как внутри, так и за пределами своей страны. Вторая часть правления антихриста названа «великая скорбь». Как сказал Иисус Христос: «Тогда будет великая скорбь, какой не было от начала мира доныне, и не будет» (Матфея 24:21), цитируя слова из книги Даниила, описывающие действия антихриста как «мерзость запустения» (Матфея 24:15, ссылаясь на Даниила 9:27, 11:31, 12:11). Наиболее четким предсказанием о его правлении является описание богохульств и притеснений Израиля, совершенных Антиохом Епифаном, который стал пророческим образом антихриста. Это происходило в течение трёх с половиной лет, за полтора столетия до того, как Христос был рождён. «Человек греха», не признающий ни одного морального закона, кроме своей собственной воли, предшествовал первому пришествию Христа, и будет предварять Его Второе Пришествие (2 Фессалоникийцам 2:3). Этот отрывок вместе с Матфея 24, Марка 13, Луки 21 указывает на правителя, находящегося на Среднем Востоке и, вероятно, еврея (так пишет автор-христианин A.W. Pink в своей книге *Антихрист*, Kregel, 1988), или араб, также имеющий право указать на свое происхождение от Авраама. Его имя нам еще неизвестно, но его число 666 приобрело широкую известность. Возможно, это число просто указывает на то, что он во всем не сможет достичь высочайших стандартов Бога, у Которого число семь – это число совершенства, как это можно заметить на основании постоянного повторения его в книге Откровение (а также семидневной неделе Божьего действия при творении, и таким же по длительности неделям в жизни людей, хотя в природе мы и не найдём таких недель – они подчиняются лунным месяцам и солнечному году).

Что же будут делать представители трёх монотеистических религий, когда встретятся с действием этой рукотворной, человекоцентричной религии мира? Выбор будет прост: или присоединяйся, или будешь преследуем. Номинальные последователи многих религий, скорее всего, присоединятся – особенно, если новая религия будет представлять собой синкретическую амальгаму уже существующих религий с новым центром поклонения и посвящения. И вновь вспоминается история происходившего перед Второй мировой войной: политический национальный социализм превратился в духовный нацизм, в котором Адольф Гитлер стал пророком в Мюнхене, священником – в Нюрнберге и царем – в Берлине. И всё это произошло в «христианской» стране, где север – протестантский, а юг – католический.

Все, кто откажется поклониться антихристу или принять начертание его имени, чтобы иметь возможность совершать необходимые покупки, подвергнутся опасности быть убитыми. Но Бог пообещал сохранить ограниченное число евреев, среди которых будут представители всех двенадцати колен Израиля (Откровение 7:2-8). Из Великой скорби придет и бесчисленное количество мучеников-христиан (Откровение 7:9-17). Происходящее достигнет своего апогея в последнем городе, достойном иметь название «Вавилон», морском порту, предназначенном для накопления денег и поиска удовольствий, «блуднице», которая «упивалась кровью святых» (Откровение 17:5-6). Сможет выжить лишь тот, кто «убежит от неё», уйдя из густонаселенных местностей в сельскую, и даже в «пустыни», надеясь, что Бог восполнит его нужды в течение 1260 дней террора. (В Откровении 12:6 здесь женщина представляет собой Церковь последних дней, а её ещё не рожденный ребёнок – это последние из тех, кто сможет обратиться; её венец из двенадцати звёзд уже стал частью флага Евросоюза).

Ничего не говорится о том, что будет с мусульманами. Если они будут твёрдо держаться учения Мухаммеда как своего последнего пророка и считать поклонение человеку наивысшим богохульством, будут страдать вместе с евреями и христианами. Если же антихрист и его лжепророк будут арабского происхождения, то они вполне могут быть обмануты и посчитают эти события продолжением развития их вероисповедания. В любом случае, приходится согласиться с поговоркой «подождём – увидим».

ВОЗДАЯНИЕ

ВТОРОЕ ПРИШЕСТВИЕ ХРИСТА

Христиане весьма удивляются, когда узнают о том, что Коран принимает учение о возвращении Иисуса (Иса) на землю, несмотря на то, что в нём ничего не говорится о том, что Мухаммед собирался бы сделать что-то подобное. Это означает, что мусульмане верят в то, что Он ещё жив. При этом они вообще не верят в то, что Христос умер на кресте, но, что Он вознёсся на небо, будучи жив.

На этом сходство этих вероисповеданий и заканчивается. Простой вопрос «А зачем Он возвратится?» или «Что Он собирается сделать, когда возвратится?» обнаруживает глубокие расхождения между ожиданиями мусульман и христиан, и каждый готов дать ответ на основании того, что считает истинной записью откровения Божьего и Его намерений – Коран или Библию.

Мусульмане верят в то, что Он возвратится, чтобы продемонстрировать миру, что Он Сам всегда был посвящённым Богу мусульманином и возвратился, чтобы возвратить человечество к истинам ислама. Те из «неверных», кто откажется принять эту последнюю возможность, будут убиты. Некоторые из тех, кто держится экстремистских взглядов, идут дальше и добавляют к этому то, что Он уничтожит всех евреев, вероятно, забывая, что это означает для Него Самого самоубийство! После того как достигнет всех целей Своего Пришествия, Он умрёт естественной смертью – первый раз в жизни.

Христиане верят, что Он вернётся для того, чтобы спасти Израиль «в целом», поразить антихриста-лжепророка и их силы (в долине Мегиддо, или по-еврейски хар'магеддон), связать и удалить сатану с земли, а через некоторое время присоединить к нему и двух его агентов – антихриста и лжепророка, отправив и их в озеро огненное. Он будет править на земле вместе со Своими последователями, которые уже воскреснут к тому времени, особенно это касается тех Его святых, которые стали мучениками и за свою веру были убиты. Это будет происходить во время длительного, но, всё же, ограниченного периода времени. Затем Он призовет на последний суд к Своему престолу всех – живых и мёртвых. Последнее из того, что Он совершит – это сотворит вместе со Своим Отцом новую Вселенную, в которой все те, кто не был осуждён во время последнего суда, смогут жить вечно.

По крайней мере, это – то, чему учит книга Откровение, и то, чему Ранняя Церковь постоянно учила. И только в пятом столетии Августин вносит в него свои изменения, находясь на середине своего жизненного пути и служения. Эти взгляды были реакцией человека на происходящее в физическом мире (он называл это «плотское») и частично проистекали из отношения к его собственной юношеской распущенности. Это было частично из его «неоплатонического» образования и частично – от проповедников, которые слишком ревностно проповедовали о физических наслаждениях миллениума (такое название приобрело учение о Тысячелетнем правлении Иисуса Христа), что в некоторой степени соответствует более поздней концепции мусульманства о «рае».

В своём учении Августин переместил время правления Христа и Его святых с момента после Его Второго Пришествия на время до этого события, и место этого правления с земли – на небо. Говоря богословскими терминами, с премилленаристской позиции – на постмилленаристскую. Это потребовало некоторого «жонглирования» Писанием. Последняя «семёрка» в книге Откровение, описанная после семи посланий, адресованных семи церквям (каждое послание тоже состоит из семи частей), после семи печатей, семи труб и семи чаш – это последовательность из семи видений, каждое из которых начинается одной и той же фразой: «И увидел я». В английском переводе вместо союза «и» употребляется слово «затем» – «семерка, завершающая историю Старого Мира и начинающая историю Нового. Многие не обращают внимания на эту последнюю «семёрку», потому что эти видения располагаются в трёх разных главах книги Откровение: 19, 20 и 21. Если же не обращать внимание на деления по главам, то становится очевидным факт, что без того, что эти видения представляют собой последовательность окончательных событий, каждое из которых следует за другим. (Слово «затем», также как и союз «и», относится как к видениям, так и к последовательности событий). Учение Августина требует перестановки в такой последовательности: все события идут в своем порядке, кроме события номер четыре, которое выдергивается со своего места и вставляется перед событием номер один, (то есть 20:1-6 происходит до событий 19:11-21)!

В результате наше внимание переключается с одной цели Второго Пришествия Христа на другую: с идеи о том, что Он придет, чтобы править, на то, что Он придёт судить. Эта идея и нашла своё отражение в церковных канонах. Но Писание, если рассматривать его просто, явно говорит, что Он придёт как с первой, так и со второй целью. Вначале Он будет править на земле, а затем, когда эта планета исчезнет, будет судить человечество. Я описываю подобные противоречия и различные взгляды на будущее в своей книге, названной «*Когда Иисус вернется*» (Hodder & Stoughton, 1995). Здесь же я должен был кратко обсудить эту тему, потому что наше понимание событий, связанных с Его правлением и судом, имеет сильное влияние на наши взгляды о будущем ислама.

Если, как верю я и верила Ранняя Церковь, Он будет править на этой земле в телесном виде (епископ Папий из Иераполя – Азия – назвал это «Его материальным правлением на земле»), тогда многие библейские утверждения из Ветхого и Нового Завета становятся намного понятнее: «Не будут делать зла и вреда на всей святой горе Моей, ибо земля будет наполнена ведением Господа [т.е. познанием Бога Яхве], как воды наполняют море» (Исаия 11:9) и «царство мира сделалось [царством] Господа нашего и Христа Его, и будет царствовать во веки веков» (Откровение 11:15). Также и другие слова из обоих заветов предвкушают время, когда люди, принадлежащие Господу, станут участниками нового мирового правительства. Процитируем Даниила: «Царство же и власть, и величие царственное во всей поднебесной дано будет народу святых Всевышнего, Которого царство – царство вечное, и все властители будут служить и повиноваться Ему» (Даниила 7:27). Подобное утверждает и Павел: «Разве не знаете, что святые будут судить мир?...» (1Коринфянам 6:2).

Это «христианское» правительство принесёт много пользы всем людям. Настоящий мир, вероятно, будет одним из наиболее ожидаемых изменений. Когда разногласия будут решаться с полной справедливостью, за этим последует всеобщее разоружение (Исаия 2:4). Это, в свою очередь, приведёт к процветанию. Более крепкое здоровье будет означать увеличение продолжительности жизни (Исаии 65:20). Даже природа больше не будет, как сказал Теннисон, «скалить зубы и выпускать когти» (Исаия 11:6-8). Эти стихи следуют сразу же за обетованием о совершенной справедливости.

Но у свободы будут и ограничения. Установленные законы и порядок будут приняты не всеми. В то время не будет ни демократии, ни политических партий, ни дебатов, ни выборов и голосований. Царь будет принимать решения по всем вопросам закона, и следить за их воплощением, как это и происходит в любом подлинном царстве, в противоположность республике. Это будет правление с «жезлом железным» (Откровение 2:26-27 и

12:5), но не в смысле жестокости или тирании, а в смысле отсутствия гибкости и возможности сопротивления. Не удивительно, что дьявол, когда ему представится последний шанс, сможет организовать восстание значительных масштабов (Откровение 20:7-10).

Более того, по всей земле будет только одна «религия», «дабы пред именем Иисуса преклонилось всякое колено небесных, земных и преисподних, и всякий язык исповедал, что Господь Иисус Христос в славу Бога Отца» (апостол Павел в Послании к Филиппийцам 2:10 цитирует из Исаии 45:23, где эти слова произносятся от имени Яхве, Бога Израиля).

По этой причине там не будет места ни для ислама, ни для любой иной религии. Мусульмане, которые ранее считали поклонение человеку как Богу наивысшим богохульством, увидят свои ошибки. На их устах будет другое имя; имя «Аллах» будет заменено именем «Иисус». Их символ веры станет ещё короче сегодняшнего: «Иисус Господь» – фраза, которая ранее была произносима только Церковью (1Коринфянам 12:3).

С сожалением, я должен признать, что выражаю взгляд меньшинства христиан Великобритании, хотя в Америке и других странах всё обстоит совсем по-другому. Большинство верующих Британии приняло взгляд Августина и не ожидает Второго Пришествия Иисуса Христа как Царя, планирующего установить Своё правление на земле. Когда они ежедневно произносят слова молитвы, которой научил нас Христос, «да придет Царствие Твое, да будет воля Твоя и на земле, как на небе», они думают о том, что Христос, находящийся на небесах, может сделать Свою Церковь, находящуюся на земле, способной достичь великого в смысле обращения к истинной вере почти всего (а возможно, и всего) человечества или в смысле положительного влияния на политические и социальные аспекты жизни. И всё это должно произойти *до того,* как Царь этого царства вернется к нам. Поэтому они и не могут принять мой взгляд на перспективу завоевания исламом этой страны. Хотя, возможно, могут представить себе что-то подобное в более поздней части божественных планов, перед самым концом истории.

Все христиане верят в то, что Иисус Христос по Своему возвращению с небес, рано или поздно, будет «судить» всё человечество. Все христианские символы веры содержат фразу, подобную этой: «...откуда Он придёт судить живых (в смысле тех, кто ещё не пережил смерти) и мёртвых?» Здесь мы коснёмся ещё одного значительного различия между исламом и христианством – последнего, на который обратим внимание в этой книге.

Коран учит, и мусульмане верят в то, что Бог будет нашим Судьёй в последний Судный день. Иисус Христос учил, что именно Он есть Тот, перед Кем предстанут все народы, для того чтобы Он отделил овец от козлов (Матфея 25:32). Это заявление нужно принять либо как ещё одно величайшее притязание на то, что Он – Бог, либо как симптомы шизофрении или мании величия. На крайний случай можно посчитать, что записи Его учения были искажены, а потому должны быть отвергнуты. Мусульмане выбирают последний вариант, хотя у них нет ни одной серьёзной причины для того, чтобы поставить под сомнение истинность евангельского повествования, кроме очевидного несоответствия с их собственными писаниями.

Павел достаточно ясно говорит о том, что все человеческие существа должны быть судимы человеком – тем, который столкнулся с моральным и социальным давлением, которое мы все переживаем, но не поддался им. Бог передал Свои полномочия одному из нас! Перед толпой народа, собравшегося в Афинах, Павел произнёс: «Он назначил день, в который будет праведно судить вселенную, посредством предопределенного Им Мужа, подав удостоверение всем, воскресив Его из мертвых» (Деяния 17:31). Позднее он написал христианам, живущим в городе Коринфе: «Ибо всем нам должно явиться пред судилище Христово, чтобы каждому получить [соответственно тому], что он делал, живя в теле, доброе или худое» (2 Коринфянам 5:10). Некоторые христиане забывают об этом, считая, что следующие слова говорят об Отце, а не о Сыне: «И увидел я великий белый престол и Сидящего на нем, от лица Которого бежало небо и земля, и не нашлось им места» (Откровение 20:11). Однако места Писания, процитированные выше, указывают на другую личность.

Если место вечного пребывания определяется Христом для каждого человека, то значит и для всех основателей всех других религий (таких как Будда, Конфуций, Мухаммед и др.), и всех их последователей также. В Евангелиях написано о том, что именно Он считает весьма тяжким преступлением. Приведём два примера.

Иисус Христос говорил о весьма серьёзном наказании для тех, кто вводит в заблуждение других людей, научая их чему-либо, но не истине, которая должна быть полноценной и которую мы могли бы описать так: истина, вся истина и ничего, кроме истины. Особо тяжкое преступление совершают те, кто вводит в заблуждение людей слабых физически или незрелых духовно, неспособных распознать обман: «Кто соблазнит одного из малых сих, верующих в Меня, тому лучше было бы, если бы повесили ему мельничный жернов на шею и потопили его во глубине морской» (Матфея 18:6). По крайней мере, такое наказание предотвратит лжеучителя от распространения своих заблуждений и принесения ещё большего вреда, а значит приобретения ещё большей вины. Что думает Христос о палестинских детях, которых собирают на праздничные дни в лагере, чтобы научить пользоваться огнестрельным оружием, ненавидеть израильтян и американцев и совершать самоубийственные нападения с тем, чтобы их родители могли ими гордиться, а их Бог был удовлетворен ими?

Если это не злодеяния, то что есть зло?

Он также сказал, что отношение к Его последователям будет иметь решающее влияние на приговор, вынесенный Им. Распределение в группу овец или козлов напрямую связано с тем, что они сделали или не сделали Его «братьям» (Матфея 25:31-46). Существуют слишком узкие взгляды, применяющие эти слова только к его братьям по плоти, т.е. к евреям, и слишком широкие, применяющие их ко всему человечеству. Сам Иисус и Его апостолы постоянно используют этот термин по отношению к ученикам Христа (Иоанна 20:17; Евреям 2:11). Служить им – значит служить Ему. Заставить страдать их – значит заставить страдать Его, именно об этом узнал Савл, когда находился на дороге в Дамаск (Деяния 9:5). Мусульмане также должны понять это. Большинство христиан, страдающих и умирающих за свою веру, делают это в странах с исламским правительством: от Индонезии до Пакистана, и от Аравии до Судана и Нигерии. Пусть же последователи ислама найдут спасение, пока ещё не поздно, и найдут его в той самой Личности, Которую они подвергают мучениям, в Том, Кто молился, когда умирал на кресте: «Отче! прости им, ибо не знают, что делают» (Луки 23:34), что позднее вызвало в Его убийцах следующий ответ: «Воистину Он был Сын Божий» (Матфея 27:54). Одним из первых, кто получил выгоду от того, что Иисус в буквальном смысле умер вместо него, был террорист по имени Варавва. Весьма иронично звучит смысл его второго имени: «сын отца», и ещё более удивительно то, что один из ранних манускриптов указывает, что его первое имя – Иисус, означающее: «Бог спасает» – имя, которое было весьма распространено в то время.

ВОЗДАЯНИЕ

Итак, надежда на Второе Пришествие Христа рассматривает современное нашествие ислама в совершенно ином свете. Несмотря на то, что в ближайшем будущем оно представляет собой весьма значительные трудности (некоторые употребляют слово «опасности», но я посчитал нужным не делать этого) для христиан, все, кто верят, что Библия – истинное Божье Слово, могут прийти только к одному заключению: дни ислама сочтены.

Эпилог

ТО, ЧТО ПОДЧЕРКНУТО В КНИГЕ

Главное, что беспокоит мое сердце больше всего и что является основой этой книги, находится не в первой ее части, а во второй, и особенно в главах 8, 9 и 10. Я имею смелость утверждать, что они более «вдохновенны», чем все другие. Как уже было отмечено, эти три названия пришли мне в одно мгновение, когда я спрашивал Господа, что именно из современной жизни церкви Британии беспокоит Его более всего. В последующие месяцы, когда я размышлял на эти темы, мне пришло и содержание этих глав. Поэтому я испытал огромное разочарование, когда некоторые слушатели и зрители записанной версии проявили больший интерес к первой части («Восстановление ислама»), чем ко второй («Ответ христианства»). Очевидно, что эта информация была им неизвестна, а новизна всегда привлекает. Также в первой части содержится наиболее сенсационное заявление, и средства массовой информации, по своей природе настроенные на поиски сенсаций, сразу же его и подхватили.

Но за исключением предсказания о роли ислама в будущем Британии и определения его истинного источника, остальная информация, составляющая первую часть книги, собрана из общедоступных источников. Это – от небольших статей в прессе до более обширных публикаций, многие из которых написаны авторами, более опытными в этом вопросе, нежели я. Одни из них – это мусульмане, а другие – христиане. Я же – тот, кого французы называют «популяризатор», то есть тот человек, который берет научные исследования и делает их доступными и понятными для «обычных» людей. Я удовлетворён этой ролью в немалой степени потому, что это дело подобно делу моего Господа Иисуса Христа, о Котором говорили, что «простые люди слушали Его с удовольствием», что является положительным высказыванием как об этих людях, так и по отношению к Нему. Люди понимают, что они слышат человека, который знает, о чём говорит.

Моя книга не столько об исламе, сколько о христианстве. Она не адресована мусульманам, хотя, я надеюсь, если кто-либо из них прочитает её, получит настоящее понимание христианского Евангелия. Она адресована христианам, которым необходимо изучить постулаты собственной веры гораздо больше, чем какой-либо другой, а также то, как жить в соответствии с ними. По этой причине я включил в эту книгу ссылки на Библию, но не указывал главы и стихи из Корана.

Возможно, названия, данные трем самым важным главам, могут привести некоторых христиан к искушению прочитать их с меньшим вниманием или даже вообще опустить все три. Эти слова настолько часто используются в христианских рассуждениях, что уже стали затертыми. Но я использовал их, потому что верю в то, что они были даны мне от Бога. Иногда мы нуждаемся в повторении, чтобы избежать опасности принимать что-то как само собой разумеющееся, и тем самым не придавать серьезного внимания. Один из слушателей записанной версии по прослушивании всех трёх частей выразил своё впечатление следующим образом: «Давид, я уже всё это слышал от тебя», и в его тоне прозвучала укоризненная нотка. Позднее я понял, что должен был бы ему ответить (остроумие обычно появляется тогда, когда уже слишком поздно!): «Да, и я опять буду говорить это снова и снова, до тех пор, пока христианство не проснётся и не осознает, как важно то, о чём мы говорим, для Бога, и как жизненно необходимо – для Церкви». Один из ободряющих комментариев был высказан по поводу внимания, уделенного учению о Троице во всех трёх главах. Некоторые из слушателей осознали, насколько откровение о Боге в трёх лицах является фундаментальной основой как нашей веры, так и нашей жизни. Другие же первый раз в своей жизни отчётливо увидели, что это является главным отличием христианства от всех остальных религий, особенно от ислама. Третьи прокомментировали эту тему в свете того, что они начали понимать значение и важность «Троицы», не просто как какую-то догму, но как необходимость для нашего спасения. В любом случае, все они «получили послание» (до каждого из них «дошла информация»).

Единственный истинный (реально существующий) Бог – это Бог-Отец, Сын и Дух Святой. Единственное истинное взаимоотношение, которое может иметь с Ним человек, – это личное, близкое познание всех трёх Личностей. И только труд всех трёх Личностей может произвести такую праведность, которая будет приемлема для Бога и подойдёт для жизни в обновленном Мире.

Есть фундаментальные принципы истинного христианства и эти три главы могли бы быть взяты отдельно и составить книгу, описывающую христианское евангелие. Здесь же они находятся потому, что непосредственно относятся к противостоянию поднимающейся волне ислама.

Многие христиане Великобритании уже живут в условии доминирования этой, ранее неизвестной им религии, хотя это в большей степени относится к урбанизированным регионам, чем к сельским. Они уже испытывают на себе определённое давление и дилеммы, возникающие в таком окружении. Поскольку все больше и больше христиан будет оказываться в подобных ситуациях, ответы на некоторые из спонтанно возникающих вопросов, были включены в главы 8, 9 и 10.

СМОЖЕМ ЛИ МЫ ВЫЖИТЬ?

Исторические записи не дают нам ободряющего ответа. Везде, где ислам укреплялся, христианская церковь имела тенденцию к исчезновению. Во времена Мухаммеда в Аравии были христианские общины. Сейчас там нет ни одной, хотя, возможно, всё же, в той местности и находятся «тайные верующие», а также кто-то из направленных туда работников нефтегазодобывающих компаний. Северное побережье Африки в свое время было христианским. В течение последних столетий оно стало белым пятном на карте христианства, за исключением остатка Коптской церкви в Египте. И только недавно несколько миссий смогли провести свою работу в некоторых частях этого континента. Произойдёт ли это в Великобритании? Может быть, но это – необязательно. Церковь, сильная в трёх измерениях – в истине, взаимоотношениях и праведности – будет жива, особенно благодаря третьему. Разве Бог не пообещал Аввакуму, что «Праведный верою жив будет» (см. Аввакума 2:4)? Однако общий уровень церкви в Великобритании не достигает того. Если только не произойдёт какого-то радикального изменения (а это и есть покаяние), большая часть церкви исчезнет, хотя я верю в то, что остаток останется, и, будучи укреплён тем, что номинальная часть отпадёт, будет находиться в намного лучшем состоянии для того, чтобы Бог мог использовать его в исполнении Своей воли и для Своего дела.

Но разве это – тот вопрос, который христиане должны задавать или о котором должны размышлять? Христос сказал Своим ученикам, что забота о самосохранении – это дорога к вымиранию (Матфея 16:25). Если это касается отдельных последователей, то тем более справедливо в отношении их общин. Парадоксально, но у нас больше шансов выжить в том случае, если мы вообще не размышляем о том, выживем или нет!

БУДЕМ ЛИ МЫ СТРАДАТЬ?

Географические записи также не дают нам ободряющего ответа. Сегодня христиан-мучеников больше, чем когда-либо. Где христиане подвергаются наибольшим преследованиям за свою веру? Восточная Индонезия, Южная часть Судана и Центральная часть Нигерии сразу же всплывают в памяти – всё это области, контролируемые мусульманским большинством. Как уже было замечено, истинное отношение мусульман к христианам может быть оценено только тогда, когда они приобретают власть в политической, военной и социальной сферах, а не тогда, когда находятся в положении религиозного меньшинства, озабоченного своими собственными правами, идентичностью и выживанием.

Обсуждаемые три измерения оказывают противоположный эффект. Чем мы в них сильнее, тем больше у нас шансов и на выживание, и на страдание! Чем сильнее мы уверены в том, что наш Бог – единственный истинный Бог, тем сложнее задача у тех, кто верит иначе. Может быть, однажды кто-то из мусульман напишет книгу под названием «Христианство – трудная задача мусульман»! Я желал бы сделать это, но понимаю свою неспособность в этом вопросе. Достаточно заметить, что ислам, чувствующий своё превосходство, нетолерантно относится к конкурирующим вероисповеданиям. Возникает напряжение, и через некоторое время происходит взрыв насилия.

И вновь, тот ли это вопрос? Христос открыто показывает нам в Своих пророчествах, что Его последователи будут страдать вне зависимости от географических мест, где они живут, и вероисповеданий, с которыми им придётся столкнуться. Он призвал их «следовать» по Его следам, которые прямо ведут ко кресту. Он пообещал, что в мире они будут иметь скорбь, а не просто большие трудности. Он предсказал, что они будут ненавидимы, как и Он был ненавидим. Путь в славу лежит через страдания – так было для Него, и так будет для нас.

Другими словами, страдания являются нормальным состоянием для христиан и будут особенно возгреваемы нашей праведностью. За несколько столетий до Иисуса Христа один греческий философ сказал, что если в этом мире появится совершенный человек, то его убьют. «Да и все, желающие жить благочестиво во Христе Иисусе, будут гонимы» (2 Тимофею 3:12). В этом – наше призвание. Этого мы и должны ожидать, и неважно, от ислама или чего-то другого.

БУДЕМ ЛИ МЫ РАСТИ?

Два предыдущих вопроса нужно считать происходящими от плоти, а не от духа. Они выражают естественное беспокойство, но направлены на собственное «я» человека, задающего их, а не для пользы других. И даже третий вопрос может иметь такую же мотивацию, в зависимости от того, почему он задан. Будет ли у нас много новообращенных? Сможем ли мы убедить многих мусульман оставить своё вероисповедание и примкнуть к нашему? Будет ли церковь расти и станет ли она снова большой? Церковь, уменьшающаяся в количестве, может быть слишком увлечена «принципами церковного роста», пытаясь найти хоть какой-нибудь метод, позволяющий увеличить её численность. Даже евангелизация может быть вызвана желанием заполнить пустующие скамейки.

Но этот, третий вопрос, может и должен быть задан в совершенно ином контексте. Будем ли мы настолько сильно озабочены спасением других людей, а не только своим собственным успехом, что предоставим себя Богу, чтобы Он мог использовать нас для того, чтобы освободить многих людей от власти грехов в этой жизни и наказания за них в жизни вечной? Будет ли выжившая и страдающая церковь проводником Божьей благодати для погибших людей? Станет ли нашей главной заботой распространение Евангелия даже тогда, когда «прозелитирование» станет незаконным? Благословят ли мусульмане день, в который услышат от нас Евангельскую Весть? Сделаем ли мы всё возможное, чтобы познакомить их со свободой, принадлежащей сыновьям Божьим, вне зависимости от того, сколько это будет нам стоить и каковы будут последствия?

Короткий ответ таков: если мы не можем делать этого сейчас, то не станем делать этого и потом. Однако, если мы решим делать это *и* сейчас, *и* потом, то не должны забывать, что это тоже зависит от трех жизненно важных измерений, о которых говорилось выше. Особенно – от взаимоотношений, которыми наслаждаемся, и праведности, которую являем. И то, и другое является живым доказательством того, что мы нашли истину и призываем других людей также найти её. Разве не сказал Ницше, философ, стоявший за Гитлером: «Я бы желал быть спасённым, если бы христиане выглядели более спасёнными»? Мы не должны позволить мусульманам сделать подобный вывод, если думаем о том, чтобы иметь право рассказать им о своей вере.

ЭПИЛОГ

* * *

По этой причине я и написал этот эпилог, чтобы подчеркнуть важность глав 8, 9 и 10. Я верю, что они содержат то руководство, которое наш Небесный Отец по Своей милости дал нам, чтобы мы были приготовлены к будущему, вне зависимости от того, что именно оно с собой принесёт. Он всегда говорил Своим, что произойдёт с ними, и как они должны подготовиться к этому. Он никогда не подносил плохих сюрпризов и не заставал Свой народ врасплох. Поэтому и мы не должны забывать об этом.

Я желаю посоветовать читателю то, чего раньше не делал ни в одной из моих книг. Поскольку вы выстояли со мной до конца, прочитав эту книгу, хочу попросить вас возвратиться назад и перечитать три главы – самые важные в этой книге. Возможно, вы пожелаете сделать это, стоя на коленях и умоляя Господа показать вам, действительно ли вы готовы к такому будущему, и если нет, то как вы можете это сделать. Я уверен, что Господь благословит вас в этом. Я благодарю Его за возможность поделиться тем, что было у меня на сердце, и, как я верю, у Него.

Приложение

КНИГА ПРОРОКА АВВАКУМА, ГЛАВА 3

В седьмой главе я рассказал вам о том, как служение этого «малого» пророка и его весть стала частью моей книги об исламе и христианстве, и как его печальное настроение сменилось наслаждением от размышлений о делах Господа по созиданию будущего народа Аввакума. Его последняя «проповедь» фактически стала песней, и он дал указание композитору сочинить мелодию и оркестру сопровождать её исполнение.

Много лет назад я перевёл слова этой песни на современный английский язык в стихотворной форме, но не смог написать к ним мелодию, и не нашёл подходящей ни в одном сборнике гимнов. Посетив Южную Африку в дни апартеида, я услышал мелодию национального гимна той страны. Хотя она подходила к этим словам, но, по политическим мотивам я не мог использовать её. Побывав в Зимбабве, я узнал, что предыдущий гимн этой страны был положен на ту же мелодию, и теперь я мог её использовать. Эта мелодия называется «Ода радости» (весьма подходящее название!) из девятой симфонии Бетховена.

Итак, я вернулся в Англию, имея слова и музыку. Представьте моё удивление, когда я узнал о том, что

ПРИЛОЖЕНИЕ

одна из общин на севере Британии приняла решение разучить эту мелодию, не имея к ней слов. Верующие уже устали от напевания этой мелодии, и даже предприняли одну неудачную попытку сочинить к ней слова. Можно понять, как они были рады, когда их пастор вернулся с конференции в г. Борнмут (Англия), на которой я прочитал следующие стихи:*

Господи, слава Твоя прошла пред Тобою!
С тех пор как Твоя рука была открыта,
Рассказы о Твоих делах настолько восхитительны,
Что просто слух о них страшит меня.
Сегодня, мой Господь, о, повтори Ты их
И покажи, что Ты ещё – всё Тот же Бог.
Но в гневе вспомни и о милости
Для славы имени Твоего.

Смотри: вот Бог Святой нисходит,
И славы луч пронзает небеса,
И выйдя из руки Его могучей,
Земля хвалой Ему полна.
И пусть виновные народы все трепещут:
Не зря суда боятся – он давно готов.
И даже горы древние все содрогнулись
При виде Судии и безграничного Творца.

Разгневался ли Ты на горные массивы,
Иль на потоки вод суды Твои?
Несёшься ль Ты сквозь океаны
На колесницах и конях Твоих?
Извилисты холмы, полны водой долины,
И солнце, и луна застыли в трепете своём
При виде стрел Твоих, как молнии блестящих.
Но остриё копья направлено ль на них?

ВЫЗОВ ИСЛАМА ХРИСТИАНСТВУ

Размашисто шагая по земле, возмездие Своё являя
Народам всем до самого конца,
Всё только для того, чтобы спасти народ Твой,
Который знает, что его Ты защитишь,
Ты наказал царя-злодея, Ты его рассёк на части,
Его дружина в страхе, под дуновением ветров рассеяна она.

Сегодня, зная все, чем завершится история земли,
И слыша все слова Твои, я переполнен чувствами,
Дрожат уста, и сердце биться чаще заставляют они.
И всё же буду ждать с терпеньем,
И даже если враг войдёт в мою страну,
Я знаю: его судьба Тобой предрешена.

И пусть не расцвела смоковница весною,
А виноград не принесёт плода,
И вновь маслина изменила,
И вместо урожая снова в поле пустота,
Пусть даже не стало овец в загоне,
А в стойле не найдешь рогатого скота,
И все же буду наслаждаться я Тобою, Спаситель мой.

Я с радостью смотрю вперёд,
И знаю, что Бог мой – Всё во всём.
Он восстановит мою силу,
Он всем вопросам даст ответ.
И сердце моё радость наполняет,
И ноги, как оленьи, у меня,
На высоту меня мой Бог возводит,
А я пою, играю для Него.

* Дословный перевод с английского языка

www.ingramcontent.com/pod-product-compliance
Lightning Source LLC
Chambersburg PA
CBHW071230080526
44587CB00013BA/1548